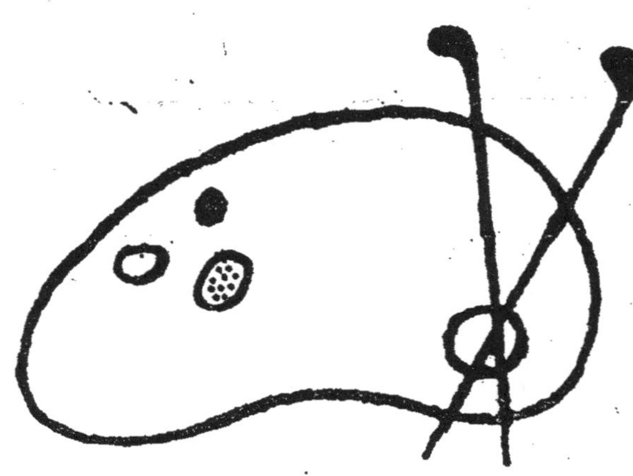

Début d'une série de documents en couleur

Couverture inférieure manquante

ERNEST BOSC

ISIS DÉVOILÉE

OU

L'ÉGYPTOLOGIE SACRÉE

Hiéroglyphes

[illegible] Livres d'Hermès [illegible]

Mythes, Symboles [illegible]

[illegible]

[illegible] Libraires-[illegible]

[illegible] Rue du Trésor [illegible]

PARIS

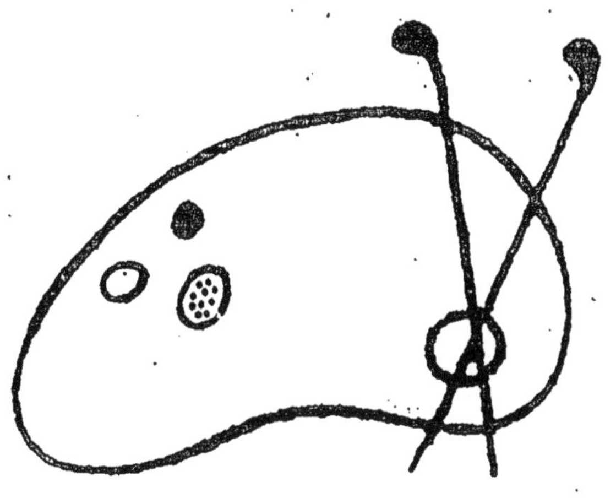

Fin d'une série de documents
en couleur

ISIS DÉVOILÉE

OU

L'ÉGYPTOLOGIE SACRÉE

NICE - IMPRIMERIE DES ALPES-MARITIMES
16, rue St-François-de-Paule

PRINCIPAUX OUVRAGES DU MÊME AUTEUR

ARTS

Dictionnaire raisonné d'architecture et des sciences et arts qui s'y rattachent.— 4 vol. gr. in-8° jésus, d'environ 550 à 600 pages chacun, et contenant environ 4,000 bois dans le texte, 60 gravures à part et 40 chromolithographies.— Paris, Firmin-Didot et Cie, éditeurs, 1879-1880; 2e édition, 1882-1883.

Dictionnaire de l'Art, de la Curiosité et du Bibelot. — 1 vol. gr. in-8° jésus illustré de 709 gravures intercalées dans le texte, 35 pl. en noir et 4 en couleur, broché. (*Epuisé.*)

Traité des Constructions rurales. — 1 vol. in-8° jésus, de XIII-509 pages, accompagné de 576 figures intercalées dans le texte ou hors texte.
Paris, Vve A. Morel et Cie, éditeurs, 1875.

Des Concours pour les monuments publics. — Brochure in-8°. Paris, Jouaust.

Les Ivoires. — Brochure in-16 illustrée de 23 bois dans le texte. Paris, Librairie de l'Art.

SCIENCES

Dictionnaire général de l'Archéologie et des Antiquités chez les divers peuples. — 1 vol. in-8° de VIII-576 pages, illustré de 450 gravures sur bois.— Paris, Firmin-Didot et Cie, éditeurs, 1881.

Traité complet de la Tourbe. — 1 vol. in-8° avec figures. — Paris, J. Baudry, éditeur, 1870.

Traité complet théorique et pratique, du Chauffage et de la Ventilation des habitations privées, et des édifices publics. — 1 vol. in-8° jésus, de 262 pages, avec 250 figures intercalées dans le texte. — Paris, Vve A. Morel et Cie, éditeurs, 1875.

Études sur les Chaussées dans les grandes villes. — Brochure in-8°. Paris, J. Baudry, éditeur, 1874. (*Epuisée.*)

Du Chauffage en général et plus particulièrement du Chauffage à la Vapeur et au gaz hydrogène. — Conférence faite à la Société centrale des Architectes, le 20 janvier 1875. Brochure in-8°. Paris, Vve A. Morel et Cie, éditeurs, 1875. (*Epuisée.*)

Études sur les Hôpitaux et les Ambulances. — Brochure in-8° avec figures. Paris, Vve A. Morel et Cie éditeurs. 1876. (*Epuisée.*)

Aérage et assainissement des grandes villes. — Brochure in-8°, avec figures. Paris, Vve A. Morel et Cie, éditeurs, 1876. (*Epuisée.*)

Dictionnaire d'Orientalisme, d'Occultisme et de Psychologie. (*En préparation.*)

HISTOIRE

Histoire nationale des Gaulois sous Vercingétorix. — 1 vol. in-8° illustré de nombreuses vignettes. Paris, Firmin-Didot et Cie, éditeurs, 1882.

Précis Historique de l'Intolérance religieuse à travers les siècles. (*En préparation.*)

POLITIQUE

Crise Financière, moyens pratiques de la conjurer. — Brochure in-8°. Paris, Genève et Bruxelles, 1871. 4me (*édition.*)

La République devant le Suffrage Universel. — Brochure in-8°. Paris, Genève et Bruxelles, 1871 (*2me édition.*)

Le Suffrage Universel, l'arme à deux tranchants. — Brochure in-8°, suivi d'un nouveau mode électoral. Paris, Genève et Bruxelles, 1871.

ERNEST BOSC

ISIS DÉVOILÉE

OU

L'ÉGYPTOLOGIE SACRÉE

Hiéroglyphes
Papyrus, Livres d'Hermès, Religion
Mythes, Symboles,
Psychologie, Philosophie
Morale, Art Sacré, Occultisme
Mystères, Initiation
Musique

CHAMUEL & Cie, LIBRAIRES-ÉDITEURS
29, Rue de Trévise
PARIS

A Marie-Antoinette BOSC

NÉE GRANIER

AVANT-PROPOS

> Quand vous traitez un sujet il n'est pas nécessaire de l'épuiser, il suffit de faire penser.
>
> MONTESQUIEU, *Esprit des Lois*.

Le sujet que nous traitons dans ce volume est très étendu ; par certains côtés il touche à une question des plus attachantes, à la psychologie et n'a pas encore été abordé par aucun auteur français. Il n'existe pas, en effet, de livre sur « l'Egyptologie sacrée », cependant on se met aujourd'hui à étudier l'Egypte, comme on ne l'avait jamais fait jusqu'ici, surtout en ce qui concerne sa philosophie.

Autrefois, au commencement du siècle, on ne s'occupait que des arts et de la civilisation de l'Antique Egypte ; quant à sa Mythologie, à sa Mystique, à son Art Sacré, à sa Religion, on ne s'en préoccupait guère, on n'y attachait aucune importance, parce qu'on supposait, bien à tort, comme nous allons voir, que la religion Egyptienne consistait uniquement à adorer des chats, des chiens, des ibis, des éperviers, des bœufs et même des oignons; de pareils dieux ne méritaient certes pas de fixer l'attention !

Les prêtres de diverses religions, de même que les Pères de l'Eglise qui ne voulaient pas que les mythes de leur propre religion fussent, en grande partie du moins, dérivés des mythes Egyptiens, ne sont pas tout à fait étrangers aux fables et aux absurdités débitées sur la religion Egyptienne.

Ainsi, Clément d'Alexandrie, peut servir d'exemple, de témoin à ce que nous venons de rapporter.

Après avoir dit que les temples égyptiens étaient de superbes édifices, tout resplendissants d'or, d'argent et de pierreries, il ajoute : « Les sanctuaires sont ombragés de voiles, tissus d'or ; mais si vous allez au fond du temple et que vous cherchiez la statue, *un fonctionnaire du temple s'avance vers vous en chantant d'un air grave, un hymne en langue égyptienne ; il soulève ensuite un peu le voile comme pour vous montrer le Dieu : que voyez-vous alors ? Un chat, un crocodile, un serpent indigène, ou quel qu'autre animal dangereux ! Le Dieu des Egyptiens paraît !... C'est une bête sauvage se vautrant sur un tapis de pourpre !... »*

Nous avons cité ce passage pour bien démontrer que chaque sanctuaire contenait, en effet, un animal vivant ; mais, comme nous le verrons dans la suite de notre étude, ce n'était pas l'animal qu'adorait l'Egyptien, mais la divinité, dont il était consacré le vivant symbole.

Les exclamations de Clément d'Alexandrie, sont donc fort déplacées et ne prouvent rien, ceci cependant : c'est que les Egyptiens pensaient qu'il était plus digne d'adorer leurs Dieux dans des symboles animés par le souffle du Créateur, que de les adorer dans des fétiches, dans des simulacres ou des idoles faites en matières inertes en des sculptures polychromes quelconques. Ils croyaient du reste, que l'intelligence des animaux les liait, pour ainsi dire, par un lien de parenté, avec les Dieux et les hommes ; de plus, cette représentation des divinités par des animaux, rendait le peuple plus humain envers les animaux qu'ils considéraient comme nos frères inférieurs.

Aujourd'hui, grâce aux travaux d'éminents égyptologues, on revient de cette fausse donnée ; on ne croit plus que les Egyptiens fussent assez insensés pour adorer des animaux et même des oignons. Ces grands civilisés ne sont plus la grande énigme d'autrefois, surtout depuis que nous commençons à pouvoir, non seulement déchiffrer, mais lire encore couramment les innombrables papyrus de l'antique Egypte. Aussi nous commençons à avoir une toute autre idée de la philosophie religieuse de cette belle et noble contrée,et apportons-nous beaucoup plus de soin et d'attention à l'étude de cette religion, parceque nous la voyons sous un tout autre jour que celui sous lequel, on nous avait jusqu'ici habitués, en un mot, parceque nous comprenons l'Ésotérisme, *ou sens caché de la Religion Égyptienne.*

C'est cet Ésotérisme *que nous nous proposons de révéler dans le présent volume dont le titre :* Isis Dévoilée *ou* l'Egyptologie sacrée,*est, comme on voit, caractéristique.*

On connaît beaucoup de faits positifs, certains, sur l'Egyptologie sacrée, mais on en ignore un bien plus grand nombre ; ce sont ces faits que nous allons divulguer. Nous connaissons ce que sont les Petits Mystères de l'Initiation, mais nous sommes persuadés que les Grands Mystères ne sont pas aussi connus que quelques auteurs veulent bien le supposer.

Qu'étaient en réalité,les Mystères de la Grande Initiation ?

Personne ne saurait le dire exactement ; ils comprenaient,sans aucun doute,avec des épreuves matérielles à subir, un ensemble d'études et de connaissances que devait parfaitement savoir l'Adepte ou Initié, pour obtenir le haut grade de Sar *ou* Mage.

Ces études, qui duraient de longues années, étaient considérables, les connaissances exigées, très approfondies ; elles embrassaient toutes les sciences,que les anciens désignaient sous le terme générique de Science Occulte.

Aujourd'hui, des esprits éminents recherchent cette science, on commence à la comprendre, à la discuter, à en formuler, nous n'osons dire certaines lois, mais certains principes. Mais quel immense labeur faudra-t-il accomplir encore pour arriver à des conclusions; pour établir dans toute sa vérité, dans son entière lumière, cette science occulte,*cet* Art Sacré des Anciens Initiés. *Ce sera là une vaste tâche il est vrai, mais non impossible à parfaire.*

Pour la mener à bien, il faudra la réunion d'un grand nombre de travailleurs déterminés.

C'est pour fournir notre contingent à ces nobles études, que nous avons entrepris le présent travail,qui nous a demandé des recherches longues et pénibles et une somme d'efforts constants. Ce que nous avons fouillé de livres, de manuscrits, de matériaux de toute sorte, est considérable; nous avons relevé de tous côtés, à droite et à gauche des documents et matériaux; puis, nous les avons réunis, condensés, commentés et expliqués. Il nous a fallu faire, pour ainsi dire, œuvre de mosaïste, mais enfin notre œuvre est terminée et toute résumée qu'elle soit, nous pensons avoir produit une belle, brillante et solide mosaïque, c'est-à-dire une œuvre sinon parfaite, du moins d'une utilité incontestable.

Puisse le lecteur, en fermant ce livre, après sa dernière lecture, partager cette opinion ! S'il en était ainsi nous serions doublement récompensés de notre travail : par le plaisir de l'avoir produit et de le voir quelque peu apprécié ensuite.

E. B.

Le Val-des-Roses à Nice, 5 Décembre 1891.

ISIS DÉVOILÉE

OU

L'ÉGYPTOLOGIE SACRÉE

PREMIÈRE PARTIE

Les Égyptologues. — Les Hiéroglyphes. — Les Écritures. Les Papyrus. — Les Livres d'Hermès

CHAPITRE PREMIER

CHAMPOLLION ET LES ÉGYPTOLOGUES

Il y a cinquante ou soixante ans, on ne se doutait guère, pas du tout même, que sous les mythes et les symboles égyptiens se cachaient de grandes idées philosophiques et une morale des plus saines, des plus parfaites et des plus avancées aussi.

Que pouvait nous apprendre en effet, le P. Kircher? Fort peu de choses; d'énormes faussetés même; ce n'est pas nous qui avançons le fait, mais un homme dont personne ne saurait nier la haute compétence; cet homme, c'est Champollion.

Or voici ce que disait le père de l'Egyptologie dans le discours d'ouverture de son *Cours au collège de France* (1) : « Le Jésuite Kircher, ne gardant aucune réserve, abusa de la bonne foi de ses contemporains, en publiant, sous le titre d'*Œdipus Ægyptiacus* de prétendus traductions de légendes hiéroglyphiques sculptées sur les obélisques de Rome, traductions auxquelles il ne croyait pas lui même, car souvent il osa les étayer sur des citations d'auteur qui n'existèrent jamais. Du reste, ni l'archéologie, ni l'histoire ne pouvaient recueillir aucun fruit des travaux de Kircher. Qu'attendre en effet, d'un homme affichant la prétention de déchiffrer des textes hiéroglyphiques *a priori*, sans aucune espèce de preuves ! D'un interprête qui présentait comme

(1) 10 mai 1831, l'ordonnance royale créant la nouvelle chaire d'Egyptologie est datée du 12 mars 1831. — Le programme du cours était ainsi conçu :

Exposer les principes de la GRAMMAIRE EGYPTIENNE COPTE, *et développer le système entier des* ECRITURES SACRÉES, *en faisant connaître toutes les formes grammaticales usitées dans les textes* HIEROGLYPHIQUES ET HIÉRATIQUES.

Malheureusement le savant professeur ne put exercer longtemps ses fonctions, car il mourut à l'âge de 42 ans, le 4 Mars 1832, c'est-à-dire dix mois après l'ouverture de son cours; (il expira dans une propriété située à Vineuil (Oise).

la teneur fidèle d'inscriptions égyptiennes des phrases incohérentes remplies du mysticisme le plus obscur et le plus ridicule. »

Par cette simple citation de Champollion, on peut voir que ce fameux jésuite, si célèbre par son érudition, a été un homme funeste en ce qui concerne la science égyptologique, disons toutefois à la décharge du P. Kircher, qu'il écrivit son *Œdipus Ægyptiacus* de 1648 à 1650 (1), c'est-à-dire à une époque, où il était bien difficile de dire quelque chose de raisonnable sur les hiéroglyphes ; ensuite dans son mysticisme *obscur*, nous trouvons des observations parfois intéressantes ; mais passons à d'autres travaux.— On mentionne comme promoteurs des études archéologiques égyptiennes, le P. Montfaucon et le comte de Caylus ; les essais de ceux-ci ne

(1) *Œdipus Ægyptiacus, hoc est universalis doctrinæ hieroglyphicæ instauratio*, a été publié en 1652-55, en 3 vol. in-fol.; c'est le tome III qui contient les inscriptions trouvées sur les principaux obélisques alors connus, ainsi que divers détails sur les momies et les idoles égyptiennes.

Pour donner une idée de l'aplomb du célèbre jésuite allemand, nous mentionnerons la mystification suivante commise à son égard par un certain André Müller. Celui-ci barbouilla sur un vieux parchemin des caractères baroques, de son invention. Il adressa le dit parchemin au P. Kircher en lui insinuant que ces caractères pourraient bien être égyptiens. Kircher répondit sur le champ que c'étaient bien des hiéroglyphes, et il en donna *ex abrupto* une traduction. *Ab unâ disce omnes!*

furent pas d'une grande utilité. Les travaux réellement profitables n'ont guère commencé qu'avec le grand ouvrage de Zoëga sur les obélisques.

Il soupçonna le premier l'*élément phonètique* dans le système de l'écriture sacrée; tandis qu'avant les travaux du savant Danois, on admettait que les inscriptions hiéroglyphiques fournissaient des textes ne traitant que de sujets mystérieux, connus seulement d'une caste privilégiée, parceque ces textes roulaient uniquement sur les doctrines occultes de la philosophie Egyptienne. On croyait du reste alors, que la masse entière des signes composant l'écriture sacrée des Egyptiens était d'une nature purement *idéographique*, c'est-à-dire que les caractères n'avaient aucun rapport direct avec le son des mots de la langue parlée; qu'ils représentaient seulement chacun une idée distincte.

Les travaux de Saumaise, de Wilkins, de la Croze, de Jablonsky firent faire un pas en avant à la science Egyptologique; mais le premier ouvrage vraiment utile et important fut la *Description de l'Egypte* par la commission française instituée par Bonaparte pour accompagner l'armée française en Egypte, publié à Paris de 1820 à 1830 et comportant 36 volumes de texte ou de planches.

Ce fut également le monument bilingue trouvé à Rosette, en août 1799, par un officier du génie, Bouchard, qui occupait la ville de Rosette, alors qu'il exécutait des fouilles à l'ancien fort. Ce monument épigraphique se compose d'un bloc de granit noir de forme rectangulaire ; il porte sur l'une de ses faces trois inscriptions superposées en trois caractères différents, ce qui l'a fait dénommer aussi *Inscription trilingue de Rosette.*

L'inscription supérieure, en partie fracturée, est en écriture *hiéroglyphique* ; le texte intermédiaire appartient à une *écriture cursive* égyptienne ; enfin la troisième est en langue et en caractères grecs.

Chacune de ces inscriptions exprime un même décret rendu à Memphis par la caste sacerdotale, pour décerner des honneurs magnifiques au roi Ptolémée V Epiphane.

C'est en comparant ces textes que Champollion trouva *la clef des hiéroglyphes.* Dès qu'il fut en présence de ce monument, il fut persuadé que les deux inscriptions Egyptiennes n'étaient que l'expression fidèle du même décret en langue égyptienne de deux écritures différentes ; en effet l'une était l'écriture sacrée ou *hiératique* et l'autre l'écriture vulgaire ou *démotique*.

La possession de ces textes égyptiens avec leur

traduction en langue grecque connue venait permettre à la fin de pouvoir établir des points nombreux de comparaison certains et indiscutables. On pouvait dès lors abandonner le champ des hypothèses et se circonscrire dans la recherche des faits. Aussi depuis cette découverte les études égyptiennes marchèrent lentement peut-être, mais sûrement ; on était persuadé d'obtenir des résultats positifs, incontestables. C'est ce qui arriva. — Ajoutons néanmoins que longtemps avant François Champollion, c'est-à-dire vers 1802, Silvestre de Sacy qui avait reçu un fac-simile de l'inscription de Rosette, avait examiné le texte démotique et l'avait comparé avec le texte grec ; il publia même bientôt le résumé de ses observations et de ses recherches dans une lettre adressée au ministre de l'Instruction publique d'alors, Chaptal.

Plus tard, en 1844, l'Allemand Lepsius trouva un nouvel exemplaire de la même inscription sur un obélisque de Philœ, laquelle inscription ne fit que confirmer ce qu'on savait déjà, mais cette nouvelle preuve avait bien son importance, (1).

Champollion avait ouvert la voie et une pléiade

(1) On peut voir l'inscription de Rosette avec un commentaire par Letronne, *in Fragmenta historicorum Græcorum,* 1 vol. in-8°, Paris, F. Didot, 1848.

d'égyptologues poursuivit l'œuvre du maître. Nous donnerons une mention spéciale à Ch. Lenormant, Prisse, Hector Horeau, Girault de Prangey, Mariette-Bey, Maspéro, Chabas, de Rougé, Grébaut, Pierret et d'autres encore, mais de tous les égyptologues français, celui qui a con tribué le plus à la lecture des hiéroglyphes, c'est Champollion; il mérite bien le nom de *déchiffreur des hiéroglyphes* que lui décerne Georges Ebers dans son bel ouvrage sur l'Egypte moderne : (1) « Les leviers dont avait besoin la science pour forcer la porte derrière laquelle était resté caché si longtemps le secret du sphinx était trouvé. Deux grands hommes, l'anglais Thomas Young, qui s'était déjà distingué dans des sciences diverses, et François Champollion, en France, se mirent au travail en même temps, mais indépendamment l'un de l'autre. Le succès couronna leurs efforts à tous deux, mais Champollion mérite à meilleur droit que son rival le titre de ***déchiffreur des hiéroglyphes*** : ce que Young conquit par instinct, il le gagna par des procédés méthodiques et le poursuivit avec tant de bonheur qu'à sa mort, en 1832, il pouvait laisser une grammaire et un dictionnaire fort

(1) *L'Egypte du Caire à Philæ*, par Georges Ebers, traduction de G. Maspéro; Paris; Firmin-Didot 1881, p. 46 et 47.

riches de l'ancien égyptien. Nous ne pouvons manquer de rappeler les belles paroles que Chateaubriand (ce n'est pas peu dire) prononça au sujet du savant passé trop tôt à l'immortalité : « Ses admirables travaux auront la durée du monument qu'il nous a fait connaître. »

Voici le chemin que prit Champollion pour arriver à son but. Les noms hiéroglyphiques de Ptolémée et de Cléopâtre, s'ils rendaient réellement lettre par lettre les noms de Ptolémée et de Cléopâtre, devaient renfermer plusieurs lettres communes. Dans Ptolémée le premier signe, un carré □ devait signifier P, et il se retrouvait en effet dans *c-l-e-o-Patra* au cinquième rang, c'est-à-dire à la place, où on s'attendait à le rencontrer. De même le troisième signe (le nœud de corde) de *P-t-O-lémée* devait être un *O*, et le quatrième (le lion) un *L*; et ces hypothèses furent reconnues exactes.

Le suédois Akerblad parvint au moyen des noms de Ptolémée Bérénice et Alexandre, à décomposer les groupes de lettres, qui les formaient et lire ainsi un certain nombre de mots dont la langue copte lui fournit une explication, ce qui lui permit de dresser une sorte d'alphabet que Young prit pour point de départ de ses recherches, et qui permit à celui-ci de conclure à la possibilité d'un alphabet semblable utilisé pour écrire des noms étrangers dans les hiéroglyphes.

« Mais, dit E. de Rougé (1), de cette idée si juste et si ingénieuse en elle-même, il ne sut tirer aucun parti. N'ayant pu saisir les règles qui avaient été suivies dans l'écriture de ces noms propres, il manqua complètement l'analyse des cartouches de Ptolémée. Si l'on ajoute à cette première idée d'alphabet sacré, des progrès assez notables dans la connaissance de l'écriture vulgaire, la part d'Young sera faite avec justice. Le peu de place que sa méthode tient dans la science hiéroglyphique se prouve clairement par sa stérilité; elle ne produisit pas la lecture d'un seul nom propre nouveau, et l'on peut affirmer hardiment que tous les sceaux du livre mystérieux étaient encore fermés quand Champollion étendit la main pour les briser.

« Young n'avait reconnu que deux sortes d'écritures; Champollion en distingue trois dans les manuscrits et il détermine immédiatement leur principaux caractères. Il reconnaît d'abord l'enchaînement qui lie les hiéroglyphes, signe par signe avec une très ancienne écriture abréviative cursive qu'il nomme *écriture hiératique*. Il signale les différences plus tranchées qui sé-

(1) *Mémoire sur l'inscription du tombeau d'Ahmès, chef des nautonniers*, Paris, 1851 in-4, 3 fig. color. et 1 tableau.

parent de celle-ci, l'écriture *démotique* ou vulgaire, et c'est lorsqu'il a la mémoire toute pleine de ces formes diverses et de l'esprit même de ces textes encore incompris qu'un nouveau point vient tomber entre ses mains : l'obélisque de Philœ lui est communiquée......

« La découverte des lettres égyptiennes employées pour écrire les noms étrangers n'étaient qu'un premier pas ; il suffit à Champollion pour ouvrir toutes les portes de l'écriture sacrée, à l'aide de nouvelles lettres hiéroglyphiques, et lire quelques mots de l'Inscription de Rosette; le sens lui est connu par le texte grec ; l'interprétation de ces mots se trouve naturellement dans la langue copte, et l'antique idiome de l'Egypte est ainsi déterminé.

Nous avons voulu mentionner ici, l'opinion d'un allemand et celle d'un français pour bien démontrer ce que la science doit à Champollion, dont les travaux ont été le point de départ de tous les autres égyptologues devenus ses véritables disciples.

CHAPITRE II

ÉCRITURE ÉGYPTIENNE

Les caractères Égyptiens ont ceci de particulier, qu'ils imitent avec plus ou moins d'exactitude des objets existant dans la nature ; c'est ce genre de caractères qui compose l'écriture hiératique ou sacrée des anciens égyptiens, écriture dénommée par les anciens Grecs *grammata hiera*, et mieux encore *grammata hieroglyphica*, d'où le terme de *caractères hiéroglyphiques*, sous lesquels, nous les désignons aujourd'hui.

A la grande rigueur, le nom de hiéroglyphiques ne doit être appliqué qu'aux seuls caractères sacrés *peints*, *sculptés* ou *gravés*, lesquels représentent des objets naturels, caractères dessinés avec le plus grand soin et qu'on distingue des hiéroglyphes linéaires et des signes abréviatifs.

ÉCRITURE HIÉROGLYPHIQUE

Cette écriture était ordinairement employée pour les inscriptions monumentales, soit dans les édifices publics, soit dans les belles demeures privées ; ces signes étaient, nous venons de le voir, de vrai dessins parfois assez complexes ; aussi dans les manuscrits, pour faciliter la rapidité de l'écriture, on substitua aux hiéroglyphes dessinés un abrégé de l'objet représenté ; ce n'était plus pour ainsi dire que la structure, la carcasse de cet objet, ce qui permettait d'effectuer très rapidement, mais de façon très reconnaissable cependant, l'objet que le scribe voulait représenter. C'est ce genre d'écriture qu'on nomme, *hiéroglyphes linéaires.*

Les hiéroglyphes sont l'écriture primitive égyptienne. Tous les monuments égyptiens, depuis le colosse jusqu'au plus petit amulette, tous à peu d'exception près, portent des hiéroglyphes ; il est donc facile d'y étudier les caractères, l'écriture, et par suite les arts et la civilisation de l'antique Egypte, car ces inscriptions sont pour ainsi dire l'histoire même du peuple égyptien gravée, tant sont variées les représentations figurées.

Les hiéroglyphes linéaires des manuscrits étaient écrits à l'encre noire ou rouge sur des feuilles de papyrus lissées et collées bout à bout ; nous en parlerons plus loin, dans un chapitre spécial (chap. V).

En résumé, les hiéroglyphes linéaires servaient pour l'écriture usuelle, celle des manuscrits, absolument comme l'écriture démotique ; tandis que les grands hiéroglyphes correctement dessinés, furent toujours employés pour les inscriptions monumentales, et souvent comme moyen décoratif, comme nous le verrons plus loin.

ÉCRITURE HIÉRATIQUE

Cette écriture présentait la forme abrégée des objets représentés ; cette forme était parfois si abrégée qu'elle constituait une véritable *tachygraphie hiéroglyphique*. Il fallait donc pour l'écrire une grande sureté de main, une longue pratique du dessin, ce qui nous explique en partie l'habileté et la haute valeur des artistes dessinateurs de l'Egypte, qui apprenaient ainsi à dessiner en même temps qu'à écrire, c'est-à-dire dès leur enfance. Il fallait donc s'exercer longtemps et longuement pour esquisser rapidement et sans confusion possible de si nombreux caractères, qui souvent ne se distinguaient entre eux que par de légères différences.

La caste sacerdotale soumit les caractères linéaires à une abréviation plus grande encore ; elle simplifia tellement la forme des caractères qu'elle créa pour ainsi dire une écriture nouvelle qui racheta par son extrême facilité à tracer les signes, l'élégance et la richesse de l'écriture hiéroglyphique primitive. Cette seconde abréviation fut désignée par les Grecs sous le nom de *hiératique,* parce qu'elle fut imaginée probablement par la classe sacerdotale, ou du moins principalement employée par elle.

Les caractères hiératiques sont généralement disposés en lignes horizontales et se succèdent de gauche à droite, et très rarement en colonnes verticales. Parfois, certains manuscrits funéraires présentent à la fois dans le même texte, un mélange de caractères hiéroglyphiques proprement dits et de signes hiératiques.

ÉCRITURE DÉMOTIQUE

Cette écriture bien que la plus répandue puisqu'elle était employée pour tous les actes civils : naissances, morts, mariages ; contrats, ventes et achats, etc., cette écriture disons-nous, est celle, dont il reste le moins de spécimens ; aussi est-elle moins connue. M. Brugsch a ouvert la voie à son déchiffrement par une grammaire et un recueil de textes démotiques, c'est avec cette écriture qu'on établissait les textes magiques et même les romans; il existe un roman rédigé sous forme de conversation entre deux momies.

L'écriture démotique, dérivée de l'écriture hiératique, qui est elle-même l'abréviation première de l'écriture hiéroglyphique, est fondée sur les mêmes principes que celle-ci ; elle comporte le même mélange d'éléments phonétiques et symboliques. Les décrets de Canope et de Rosette nomment l'écriture démotique, *l'écriture des livres*; elle est fort difficile à déchiffrer pour plusieurs raisons ; d'abord parce que souvent une même ligature répond à des groupes hiératiques différents, ensuite parceque généralement ces textes sont tracés avec de gros *kasch* ou *kaschamphâti* (roseau, calame ou pinceau), de sorte que les caractères sont gras et empâtés, ce qui rend très difficile l'analyse et la *séparation* des éléments *de chaque* mot.

A quelle époque remonte l'invention de l'écriture égyptienne? Il est bien difficile d'assigner une date et de rien préciser à cet égard ; mais par la perfection des formes des caractères de divers monuments, il est permis de conclure, que cette invention remonte très avant dans l'histoire du peuple égyptien ; elle a dû survenir dans les premiers temps de son origine même, si toute fois elle n'a pas été importée par les premiers habitants du pays ayant émigré de l'Asie en Afrique. Au début les images représentées devaient être des plus naïves, elles étaient loin d'avoir la finesse et la perfection que nous remarquons par exemple, sur les grands sarcophages de basalte ou de granit du Musée du Louvre, ce n'est que par une longue pratique que cette écriture a dû atteindre la perfection que nous connaissons et qui est si admirablement consignée sur les beaux monuments de la belle époque de l'art égyptien.

DES DIFFÉRENTES ESPÈCES DE SIGNES

Après avoir décrit les divers genres d'écriture, il nous faut revenir à l'écriture hiératique pour dire qu'elle comporte trois classes de caractères nettement tranchées :

A. *Les caractères figuratifs ;*
B. *Les caractères symboliques ;*
C. *Les caractères phonétiques ;*

Chacune de ces classes de caractères procède par des moyens différents à la notation des idées.

Les caractères figuratifs expriment l'objet, dont ils présentent à la vue une image plus ou moins fidèle, ainsi le soleil est figuré par une circonférence avec un point central ; la lune par un croissant ; l'homme, la femme, les animaux par leur représentation respective.

Cette méthode de peinture des idées, la plus ancienne de toutes a été désignée par les auteurs grecs sous le nom de *curuola giché cata mimesin* ou méthode mimique *méthode s'exprimant au propre par imitation* (1).

Les caractères symboliques, dit aussi *tropiques* (de *tropé*, forme), se formaient suivant des métho-

(1) Clément d'Alexandrie, *Stromates*, liv. V p. 657. Ed. Potter.

des diverses, par lesquelles le signe se trouvait plus où moins ressemblant à l'objet servant à noter l'idée.

On procède à la formation des signes tropiques par *synedoche*, c'est-à-dire en peignant la partie pour le tout : ainsi deux bras tenant l'un un trait l'autre un bouclier signifiaient une armée ou le combat (1) ; une tête de cheval, un cheval ; une tête de chacal, cet animal ; les prunelles de l'œil signifiaient les yeux ou même la tête entière.

Ou bien encore l'écrivain procédait par *métonymie*, c'est-à-dire qu'on représentait l'effet pour la cause, l'instrument du travail pour le travail produit, la cause pour l'effet ; par exemple le feu était représenté par un réchaud ou par une colonne de fumée ; le jour par le Soleil, la nuit par la Lune et les Étoiles ; l'écriture par le roseau à écrire (*calamus*) ou par un pinceau réunis à la palette du scribe ou à une écritoire.

On procédait encore *par énigmes* en utilisant pour exprimer une idée, la représentation d'un objet n'ayant que des rapports éloignés avec l'idée à exprimer, ainsi une feuille de palmier représentait l'année, parce qu'on supposait que cet arbre ne donnait que douze feuilles par an ; une plume d'aile d'autruche représentait la justice,

(1) HORAPOLLON, *liv. II, hiérogl. 5.*

parce que toutes les plumes de l'aile de cet animal sont, dit-on, égales ; une tige de lis ou de glaïeul signifiait la *région haute* ou la *Haute Egypte*, tandis que la tige ou la houpette du souchet (*papyrus*) désignait la *région basse* ou *Basse Egypte*, parce que le souchet ou papyrus croissait surtout, dans les bas-fonds, dans les marécages du delta de l'embouchure du Nil.

Enfin, on procédait par *métaphores* ; on peignait un objet qui avait quelque similitude plus ou moins réelle avec l'objet qu'il s'agissait de désigner : ainsi on indiquait les airs, l'élévation par un épervier ; la priorité, la supériorité, la préeminence par la partie antérieure du lion ; la pureté, la vertu, la tendresse, par une tête de coucoupha, parce qu'on croyait que cet animal nourissait ses parents devenus vieux ou infirmes; le scribe sacré, le *hiérogrammate* était figuré par un chacal sur ses pieds ou posé sur un socle, parce que ce fonctionnaire devait garder comme un chien fidèle les choses sacrées et les écrits qu'on lui confiait (1).

Les caractères phonétiques procédaient par la notation de la voix (*phôné*) ou des articulations isolément exprimées, au moyen de caractères particuliers et non par l'annotation des syl-

(1) Horapollon, *liv. I, hiérogl. 38.*

labes, de sorte que la série des signes phonétiques constituaient non un syllabaire, mais un véritable alphabet. — Les caractères phonétiques ; considérés dans leur forme matérielle, furent des représentations, des images d'objets matériels, plus ou moins développés ; le principe fondamental de la *méthode phonétique* consiste à représenter une voix ou une articulation par la représentation d'un objet physique dont le nom en langue égyptienne avait pour initiale la voix, le son, ou l'articulation qu'il s'agissait de noter.

Que les caractères fussent idéographiques ou phonétiques, on lisait un texte égyptien, comme nous lisons une page d'algèbre.

Disons en terminant ce chapitre qu'il y avait également des noms communs exprimés symboliquement ; dans ce cas, des signes symboliques ou tropiques remplaçaient souvent dans l'écriture un grand nombre de noms communs ; les caractères phonétiques ne notaient donc pas ici les sons de ces mots : ainsi le *miel* était noté par une abeille et un vase ; la *soif* par un veau courant, au-dessus duquel se trouvait le signe eau ; le *mois* par le croissant de la lune renversé, au-dessous duquel se trouvait une étoile, etc., etc.

CHAPITRE III

SIGNIFICATION DE DIVERSES FIGURES; GROUPEMENTS HIÉROGLYPHIQUES

Après avoir exposé la signification des divers caractères égyptiens, il nous paraît utile d'expliquer la signification de diverses figures.

Le Roi est représenté par un personnage ayant la tête couverte de la coiffure nommé *Pschent*, symbole de la domination sur les régions supérieure et inférieure de l'Egypte; il tient dans la main un sceptre. — Ou bien encore par un personnage sur le front duquel, on voit attaché sur sa coiffure, l'aspic ou serpent royal nommé *Uræus*, insigne du pouvoir suprême. Ce serpent nommé en égyptien *hajé*, « a la queue repliée sous le reste du corps, nous dit Horapollon (1); les égyptiens l'appellent *Ouranos* les grecs *Basiliscos* et son image en or est placé sur la tête des Dieux. »

Ce même personnage peut être assis à l'égyptienne, le front toujours orné de l'*Uræus* et

(1) *Liv. I hiérogl. 1.*

tenant dans sa main un *pedum* ou bâton recourbé et un fouet; le premier de ces attributs divins est l'emblème de la modération, et le second de l'excitation.

Une troisième représentation du roi consiste en un personnage portant la coiffure du Dieu Ptah, instituteur de la royauté, coiffure commune à ce dieu et aux souverains de l'Egypte.

UNE REINE est représentée par une femme coiffée du *Pschent* et tenant dans la main un fouet, disons en passant que le fouet est le *pedum* (bâton pastoral) lorsqu'ils sont employés isolément dans les textes hiéroglyphiques, expriment l'idée de roi, de chef ou directeur suprême.

UN CHEF, UN COMMANDANT, UN AÎNÉ, en un mot *le premier personnage* d'une hiérarchie quelconque, est figuré par un homme debout tenant un sceptre dans sa main droite et une bourse dans sa main gauche; et, réciproquement une COMMANDANTE, une AÎNÉE par une femme portant les mêmes insignes.

LE PRÊTRE *chargé de faire des libations* est figuré par un homme debout, toujours à tête rasée, tenant dans sa main droite un vase à libations, duquel s'écoule de l'eau.

LE SCRIBE SACRÉ *Grammate* ou *Hiérogrammate* est représenté par un homme accroupi à tête rasée qui tient dans sa main droite ramenée sur sa poitrine une palette d'écrivain, dénommée *canon* chez les Grecs, parcequ'elle servait aussi de règle (1).

LE SOLDAT, LE GUERRIER, *un membre de la caste militaire* sont figurés par un homme accroupi portant en bandoulière, un carquois rempli de flèches, tenant dans sa main gauche une lance.

Nous ne mentionnerons pas d'autres exemples, car on le conçoit, cela nous entraînerait fort loin, et nous passerons au groupement des objets figurés par les hiéroglyphes ; ces objets ont été groupés par les Egyptologues en seize genres principaux.

1. — *Corps célestes* : soleil, lune, étoiles, ciel.

2. — *Hommes ou femmes* de tout âge, dans des positions et des attitudes diverses ;

3. — *Divers membres ou parties du corps humain* : tête, yeux, oreilles, bouche, bras, mains, cuisses, jambes, pieds, etc. ;

4.— *Animaux domestiques ou sauvages* : bœuf, taureau, vache, veau, cheval, cynocéphale, chacal, gazelle, lion, etc.;

5. — *Oiseaux* : aigle, épervier, chouette, hirondelle, ibis, geai, pluvier, etc.

6. — *Reptiles* : céraste, couleuvre, serpent, vipère, crocodile, grenouille, lézard, etc. ;

(1) HORAPOLLON *Liv. I. hiérogl. 31.*

7. — *Certains insectes* : scarabée, scorpion, mante ou religieuse, libellule, abeille, etc. ;

8. — *Poissons* : Latus, lépidote, oxyrynchus, etc. ;

9. — *Végétaux* : lotus et sa fleur, palmier et sa fronde, perséa et son fruit, papyrus, (souchet), etc. ;

10. — *Objets du costume ou vêtements* : diverses coiffures ; pschent, couronne, mitre, bracelet, collier, pagne, sandales, etc. ;

11. — *Armes, insignes divers* : arc, flèches, traits, pedum, sceptre, fouet ; lit funèbre, trône, coffre, sièges, etc. ;

12. — *Vases et ustensiles divers* : vase à brûler l'encens (*amschir*) vase à parfums, vase à libations, bassin, corbeille, natte, van, etc. ;

13. — *Instruments et ustensiles divers* : théorbe, palette d'écrivain, écritoire, calame ou roseau à écrire, papyrus vierge, couteau ou grattoir, scie, hache, croix, ovoïdée faussement, dénommée *ansée* ;

14. — *Edifices et constructions diverses* : Obélisques, statues, stèles, autels, naos, *bari*, (barque sacrée) propylons, pylones, etc. ;

15. — *Formes géométriques et mesures* : carré, triangle, rectangle, pyramide, coudée, cercle, quart de cercle, etc. ;

16. — Enfin des *monstres* : sphinx, bélier à corps humain ; Urœus, etc.

Ajoutons que dans chacun des groupes que nous venons de mentionner, il y avait des subdivisions, de sorte qu'on peut dire que les signes figurés étaient au nombre de près de deux mille.

CHAPITRE IV.

LES HIÉROGLYPHES, MOTIFS DE DÉCORATION

Nous avons vu précédemment que l'écriture hiéroglyphique était destinée aux monuments, nous ajouterons qu'elle était également utilisée pour leur décoration. Aussi les Egyptiens en grands artistes qu'ils étaient, ne négligèrent rien pour augmenter l'effet décoratif des hiéroglyphes; ils employèrent la couleur pour enluminer les colonnes et les chapiteaux, les plafonds et les murs, sur lesquels se trouvaient les sortes de bas-reliefs, formés par les inscriptions ; celles-ci étaient tantôt peintes simplement sur une paroi lisse, tantôt gravées en creux avec ou sans couleur, enfin en relief méplat dans le creux même de la sculpture, ce qui indique un bas-relief tout à fait plat.

En résumé, l'écriture hiéroglyphique monumentale fut exécutée de quatre manières :

1° sculptée et sans couleurs ;

2° gravée avec ou sans couleurs ;

3° sculptée et peinte monochrome ou polychrome ;

4° Dessinée sur des parois lisses à fond blanc ou de couleur, et peinte ensuite en peinture polychrome.

C'était seulement au moyen de teintes plates que les Egyptiens enluminaient leurs hiéroglyphes ; il y a lieu d'observer ici, que certaines couleurs ou teintes étaient toujours employées d'une manière conventionnelle pour représenter certains objets ; par exemple le *bleu* représentait le ciel, le *jaune* la lune, le *rouge* la terre, un *bleu vert* (*pers*) ou *vert pâle* (eau du Nil) l'eau.

Dans la figure humaine, les chairs sont en rouge d'un ton plus ou moins foncé, la tunique est blanche ; la coiffure quand elle se compose uniquement d'une perruque est bleue. Quand aux plis des draperies, ils sont représentés par des traits rouges d'une grande ténuité dans les lumières et de traits renforcés, épais dans les ombres ou les noirs.

Chez la femme, les carnations sont jaunes ; leurs vêtements sont tantôt blancs, tantôt verts ou rouges.

Quand les signes hiéroglyphiques reproduisent les différents membres du corps humain, ils sont toujours colorés en rouge.

Les objets de bronze sont peints en vert, ceux

de fer en minium, brun Van-Dyck (1) ou rouge brun ; les objets en bois, les charpentes sont peintes en jaune ; quand au bleu, cette couleur paraît avoir été surtout réservée aux formes géométriques et aux plans des édifices.

Nous n'insisterons pas d'avantage ici sur la coloration des hiéroglyphes et leur emploi décoratif ; nous aurons occasion d'en parler incidemment en traitant des boîtes à momies, ainsi que des hypogées qui les renferment, et nous terminerons ce court chapitre en disant que rien n'égalait la richesse décorative des monuments égyptiens, temples, pylones, hypogées, palais décorés de toute part de ces peintures hiéroglyphiques, qui non seulement charmaient la vue, mais qui souvent encore présentait à l'esprit du penseur et du philosophe de grandes et nobles pensées.

(1) Ce terme est bien moderne appliqué à l'Egypte, mais il a le mérite de bien définir le ton employé par les Egyptiens, c'est pourquoi nous n'avons pas hésité à nous en servir.

CHAPITRE V

LE PAPYRUS ET LES PAPYRUS

Le *cyperus papyrus* ou Souchet croissait naturellement dans les contrées marécageuses de l'Egypte.

Voici comment s'y prenaient les Egyptiens pour obtenir à l'aide de cette plante ce qui remplaçait chez eux notre papier à écrire. Ils coupaient les deux extrémités de la tige du papyrus, puis ils détachaient les fines membranes concentriques qui enveloppent la moelle de la plante. Sur une planche, ils posaient à plat une première couche de ces membranes dans un sens, puis une seconde couche au-dessus de la première dans un sens contraire, elles étaient agglutinées ensemble au moyen d'une eau légèrement gommée.

Les Romains, qui à Pompéi nous ont laissé des spécimens de pareils papyrus, nommaient la première couche *subtamen* (la trame) et la seconde *stamen* (la chaîne); ils considéraient donc ce papier comme une sorte de tissu, ce qui était vrai jusqu'à un certain point.

La feuille ainsi obtenue par des fragments de papyrus collés bouts à bouts, était comprimée par un moyen quelconque, puis lissée au moyen d'un ustensile en ivoire. Plusieurs de ces feuilles nommées *plagulæ* étaient collées latéralement à la suite les unes des autres, au moyen d'une colle liquide, probablement de la gomme arabique, les plus fines d'abord, les moins fines au milieu et les plus fortes ou plus grossières à la fin ; car les couches de papyrus sont de plus en plus rugueuses, au fur et à mesure qu'elles s'éloignent du cœur de la plante.

Au moyen de ces *plagulæ*, on formait des volumes de hauteur et de longueur diverses. Vingt *plagulæ* environ formaient un *scapus* ou rouleau.

Les Egyptiens écrivaient aussi sur toile, sur une sorte de nankin, sur peau et sur parchemin ; ils faisaient même des comptes et des additions sur des morceaux de terre cuite, des fragments de poteries ; on nommait ceux-ci *Ostraca ;* les textes écrits sur les ostraca sont généralement des notes ou des brouillons exécutés par des scribes ; on en voit dans un grand nombre de musées, notamment au Louvre.

Le roseau (en copte *kasch*) ou le pinceau (*kaschamphati*) servaient à tracer les caractères à l'encre sur le papyrus, qui était de trois qualités : le royal, l'hiératique, le démotique, sous

Auguste, on nomma le premier, papyrus Augustus pour flatter l'empereur.

Le plus beau papyrus, le plus fin, le papyrus dit *royal*, servait naturellement aux rois et aux prêtres pour tous les actes relevant de leur ministère ; le papyrus hiératique servait pour les livres et les écritures religieuses, enfin le dernier, le papyrus démotique, était employé pour rédiger les contrats, les actes concernant la vie civile et militaire.— Avant de les écrire, on enduisait les papyrus avec une huile tirée du cèdre, afin de les préserver de la pourriture, du piquage des vers et de la corruption. Du reste, on prenait les plus grands soins pour assurer leur conservation, on les plaçait dans des étuis ou cylindres de bois durcis au feu, qu'on revêtait de bitume de tous les côtés, afin d'empêcher l'humidité de les pénétrer ; on les enfermait ensuite dans des jarres en terre cuite, dont le couvercle était soigneusement luté.

Les momies ont souvent auprès d'elles des papyrus ; ils sont placés sous les bandelettes, soit le long du corps entre les cuisses, le long des jambes, sous leurs bras, sur leur poitrine. Ce sont ces manuscrits qui nous sont parvenus les premiers, les seuls dont la conservation soit parfaite ; leur longueur est variable ; un des plus long que nous connaissions est celui du Musée de Turin qui ne mesure pas moins de 21 m. 75 de longueur.

Généralement, le haut de la page est occupé par une ligne de figures de divinités que l'âme visite successivement ; le reste du manuscrit est rempli par des colonnes perpendiculaires d'hiéroglyphes linéaires ou hiératiques ; ce sont les prières que l'âme du défunt adresse aux Dieux. Vers la fin du papyrus, on voit souvent la scène du jugement de l'âme, dont voici une description : Un grand Dieu est assis sur son trône, à ses pieds se voit un énorme crocodile femelle la gueule ouverte ; derrière le Dieu se trouvent suspendues des balances divines surmontées du cynocéphale, emblème de la justice universelle. On pèse les bonnes et les mauvaises actions du défunt : Thoth écrit les résultats des pesées.

En général, les papyrus sont des copies du *Livre des morts* improprement appelé *Rituel funéraire ;* ce livre est plus ou moins développé c'est-à-dire complet, suivant que la qualité ou la position du défunt permettait à ses héritiers de dépenser plus ou moins pour son achat.

Aussi, suivant l'extrait plus ou moins long du *Livre des morts* que contient le papyrus placé auprès de la momie, on peut préjuger presque de l'importance du personnage. Les momies royales contenaient dans tout son entier le *Livre des morts*.

Beaucoup de manuscrits en question sont écrits non en hiéroglyphes *linéaires*, mais en *hiératiques*, c'est-à-dire nous l'avons déjà vu au moyen de la tachygraphie hiéroglyphique. Le haut de la page qui contient comme nous venons de le voir, une ligne de figures, fait toujours distinguer des autres genres de manuscrits, le *Livre des morts*. Ces papyrus donnent un grand intérêt aux Momies ; malheureusement rien ne peut faire distinguer extérieurement les boîtes de momie qui renferme des papyrus de celles qui n'en ont pas. Il faut donc les ouvrir ; pour cela, on attaque le cartonnage à l'envers, de cette façon, on ne le détériore pas, ou du moins fort peu.

Voici les signes distinctifs auxquels on peut reconnaître l'âge des papyrus : les plus anciens connus sont d'une écriture large, ferme, solide, massive, si l'on peut dire ; ils décèlent la lourdeur de la main qui les a écrits. Bien qu'il soit difficile d'assigner une date précise à certains manuscrits, on peut dire que ceux qui ont été composés sous la XVIe dynastie ont des vignettes finement dessinées, les groupes de lettres très rapprochés, très ramassés, parce que les caractères sont d'une grande finesse — Les exemplaires hiéroglyphiques du *Livre des morts* d'une écriture rétrograde, d'un fort beau style sont originaires de la XVIIIe dynastie ; ceux de la XIXe et XXe dynastie sont très facilement reconnaissables par la belle et grosse carrure de leurs lettres hautes et hardiment tracées ; enfin dans les papyrus de de la XXIIe dynastie, les lettres sont moins hautes bien que fortes et larges, aussi les groupes de lettres sont moins ramenés, moins rapprochés, moins ramassés à côté les uns des autres ; ils diffèrent donc du tout au tout des manuscrits de la XVIe dynastie. Les manuscrits de l'époque Romaine sont d'un style des plus médiocres, l'écriture hiératique y est haute, maigre, anguleuse même et un peu penchée ; enfin sous les dominations persane et grecque, l'écriture est tout à fait lourde, épaisse, compacte, empatée même.

Nous possédons de nombreux papyrus égyptiens qui forment un véritable recueil de recettes pharmaceutiques, parmi eux mentionnons un papyrus de Leyde (1) un autre du Musée Britannique (2) et un troisième du musée de Berlin (3).

M. Georges Ebers a découvert un papyrus qui d'après cet égyptologue donne un aperçu de la médecine telle qu'on l'exerçait vers la XVIIIe dynastie et dans laquelle, on utilise non-seulement

(1) PLEYTE, *Études I*, 348 *verso*.
(2) BIRCH, *Zeitschrift*, 1871, p. 61.
(3) BRUGSCH, *Monuments* L, 101 ; CHABAS, *Mélanges Egyptologiques*. 1re série.

des médicaments composés de la Flore Egyptienne, mais également de celle des pays voisins de la Phénicie et de la Syrie par exemple. Généralement dans tous ces manuscrits, la médecine est associée à la magie, presque toutes les recettes pharmaceutiques y sont accompagnées d'incantations spéciales qui devaient en assurer le succès ; ajoutons que les Egyptiens n'attachaient pas au mot magie, le même sens que nous (1).

Les papyrus égyptiens parvenus jusqu'à nous sont fort nombreux, nous nous bornerons à désigner les plus célèbres par les noms sous lesquels ils sont connus ; ce sont par ordre alphabétique : *Abbott* (Enquête judiciaire), *Amhurst* (id.), *Anastasi* (lettres, rapports, etc.), *Cadet* (Livre des morts), *Casati* (manuscrit grec), *G. Ebers* (papyrus médical), *Harris* (papyrus magique), *Lee* (acte d'accusation), *Lepsius* (Livre des Morts), *Leemans*, *Orbiney* (Roman), *Prisse d'Avesne* (Traité de morale), *Rhind*, *Sellier* (trois ou quatre portent ce nom) *judiciaire de Turin*, enfin les nombreux papyrus du Louvre catalogués par Th. Déveria, etc.

(1) Cf. à ce sujet, MASPERO, *Histoire ancienne des peuples de l'Orient*, page 81 et suiv.

CHAPITRE VI

LES LIVRES D'HERMÈS

Hermès trismégiste (trois fois grand) auteur supposé de nombreux ouvrages grecs, n'est autre que le Thoth égyptien. Dès le temps de Platon, Hermès fut identifié à ce personnage fabuleux qui passait pour l'inventeur du langage, de l'alphabet, de l'écriture et de toutes les sciences. De tous les écrivains de l'ancienne Égypte, le Dieu Thoth a été le plus fécond, par la bonne raison que c'est sous ce nom collectif qu'écrivait la caste sacerdotale, ce qui explique la variété et la valeur des nombreux ouvrages dits *hermétiques*, attribués à Hermès, lesquels ne sont parvenus jusqu'à nous que par leur traduction grecque et avec de nombreuses interpolations. Les livres de Thoth sont au nombre de quarante-deux; ils renfermaient toutes les règles, préceptes et documents relatifs aux arts, aux sciences, à la religion et au gouvernement de l'Égypte; dans leur ensemble ces livres sacrés embrassaient toutes les connaissances humaines, et formaient pour ainsi dire une vaste *Encyclopédie Égyptienne*, dépositaire de tout savoir. *Les Livres de Thoth* étaient conservés dans les sanctuaires des temples (1), n'étaient jamais ouvert pour le peuple, on les lui montrait seulement dans les fêtes solennelles pendant les cérémonies religieuses.

Que contenaient les principaux livres d'Hermès ? Clément d'Alexandrie (2) nous l'apprend. Deux renfermaient des hymnes en l'honneur des Dieux, et les règles de conduite pour les rois ; quatre étaient relatifs à l'Astrologie, enfin dix livres nommés *sacerdotaux*, traitaient de l'art sacré, de la religion, du culte, du sacerdoce.

Les termes dans lesquels Clément d'Alexandrie parle de ces livres, laissent supposer qu'il y avait un grand nombre de *livres hermétiques ;* nous le savons du reste par divers auteurs, quelques-uns vont jusqu'à prétendre qu'il en existait jusqu'à vingt mille et Jamblique jusqu'à trente-six mille; c'est-à-dire un nombre analogue à celui des années de la grande période sacrée de l'Égypte. Ce dernier chiffre n'a pas paru acceptable pour beaucoup d'auteurs, qui ont pensé que ce chiffre de trente-six mille représentaient le nombre de vers ou de distiques qui composaient les livres hermétiques.

Pour nous ce chiffre n'a rien de surprenant,

(1) Jomard. *Description de l'Égypte* I, c. v., p. 24
(2) Stromates I, VI.

puisque nous connaissons la longue, très longue antiquité de l'Egypte et puis l'activité et le savoir des prêtres Égyptiens ; surtout, si nous ajoutons que les livres sur papyrus n'étaient pas comme les nôtres, des volumes de 1000 ou 1200 pages, mais de simples brochures. Dès lors, il est bien admissible que la Bibliothèque sacrée égyptienne put contenir 35,000 volumes, peut-être même davantage à l'époque de Jamblique (1).

Étudions maintenant le surnom de *Trismégiste*, qui signifie trois fois grand ; il aurait été donné à ce personnage d'Hermès, soit à cause de sa triple qualité de philosophe, de prêtre et de roi, ou bien parce que Thoth symbolisait l'*Intelligence divine*, la *Pensée incarnée* et le *Verbe vivant*. Aussi le Dieu Suprême, l'Inconnaissable, ne nomme Thoth que : *Ame de mon âme*, *Intelligence sacrée de mon intelligence*, c'est-à-dire *Celui qui connaît tout*.

Et voilà pourquoi, il fallait beaucoup de livres pour contenir la profonde science de Thoth, et pourquoi chaque prêtre se spécialisait dans une étude particulière, comme nous l'apprend Clément d'Alexandrie en ces termes (2) : « Les Égyptiens suivent une philosophie particulière à leur pays ; c'est dans les cérémonies religieuses surtout

(1) *De mysteriis Égypt.*
(2) *Stromat.*

qu'on peut le remarquer, on y voit d'abord marchant le premier, le *chanteur* portant un symbole musical ; il est obligé de savoir (par cœur) deux livres de Thoth, l'un contenant les hymnes en l'honneur des Dieux, l'autre les règles de la vie royale, après ce chanteur, vient l'*Horoscope*[1] ; il porte dans ses mains une horloge (sablier) et une palme (feuille de palmier), il faut qu'il ait toujours à l'esprit quatre livres (de Thoth qui traitent des astres), l'un des astres errants, l'autre de la conjonction de la lune et du soleil, les derniers de leur lever. Vient ensuite, le prêtre *hiérogrammate* reconnaissable aux plumes (d'autruche) qui ornent sa tête ; il a dans ses mains un livre (rouleau de papyrus) et une palette avec l'encre et les calames (roseaux) nécessaires pour écrire. L'hiérogrammate doit posséder les connaissances hiéroglyphiques (interprétative des livres anciens) lesquelles comprennent la cosmographie, la géographie, les phases du soleil et de la lune ; celle des cinq planètes, la chorographie de l'Égypte, le cours du Nil et ses phénomènes, l'état de possession des temples et des lieux qui en dépendent. Le *stoliste* vient ensuite portant la coudée (*ma*) emblème de la justice et le vase des purifications. Le stoliste sait tout ce qui concerne l'art d'enseigner et l'art de marquer du sceau sacré les jeunes victimes. Dix livres sacerdotaux sont relatifs au culte des Dieux (nous l'avons vu plus haut) et aux préceptes de la religion ; c'est le *Prophète*, marchant après tous les prêtres et portant le *sceau* qui apprend ces dix livres (sacerdotaux). Il y a en tout, quarante-deux livres *principaux* d'Hermès (remarquez principaux) dont trente-six, où est exposée toute la philosophie des Egyptiens, sont appris par des prêtres des classes qui viennent être désignées, les six autres livres sont étudiés par les *Pastophores*, comme appartenant à l'art de guérir et ces livres parlent en effet, de la construction du corps humain, de ses maladies, des instruments et médicaments, des yeux, enfin des maladies des femmes. »

Par ce qui précède, on voit combien devaient être intéressants les livres d'Hermès, les livres véritables, devrions-nous dire, car à l'époque où l'on a sophistiqué ces livres, c'est-à-dire au commencement du christianisme, il a paru des traductions d'une authenticité des plus douteuses, aussi il est incontestable que le nom d'Hermès étant entouré d'une grande vénération, les sophistiqueurs furent certainement tentés de soumettre ses œuvres à des interpolations et des travestissements nombreux ; on a même été à une certaine époque jusqu'à contester l'authenticité de leur existence ; et cependant nous lisons dans Augustin (1): « Véritablement Trismégiste dit beaucoup de choses du vrai Dieu créateur de l'Univers qui sont conformes à la vérité..... »

Cette courte citation d'un auteur peu suspect, prouve bien l'existence sinon d'Hermès, du moins des livres parus sous son nom.

Le plus ancien peut-être des livres d'Hermès, que nous possédions est le *Logos téleios*, dont l'original grec cité par Lactance (2) est perdu ; nous n'en possédons qu'une traduction latine qui porte ce titre : *Asclepius* ou *Hermetis Trimegisti Asclepius, sive de natura deorum dialogus ;* cette traduction est attribuée à Apulée de Madaure ; c'est un dialogue entre Hermès et Asclépios, son disciple,dialogue qui traite de Dieu de l'Univers, de la nature,etc.En voici un fragment : « Aucune de nos pensées, dit Thoth à son disciple, ne saurait concevoir Dieu, ni aucune langue le définir. Ce qui est incorporel invisible, sans forme, ne peut être saisi par nos sens ; ce qui est éternel ne peut pas être mesuré par la courte règle du temps : Dieu est donc ineffable. Il est la vérité absolue, le pouvoir absolu ; et l'immuable absolu ne peut être compris sur la terre.

« Dieu peut, il est vrai, communiquer à quelques élus la faculté de s'élever au-dessus des

(1) *Cité de Dieu*, liv. VIII, ch. XXIII p. 288, 50, Ed. Didot.
(1) *Div. Instit.* VII, 18.

choses naturelles, pour percevoir quelques rayonnements de sa perfection suprême ; mais ces élus ne trouvent point de paroles pour traduire en langue vulgaire l'immatérielle vision qui les a fait tressaillir. Ils peuvent expliquer devant l'humanité les causes secondaires des créations qui passent sous nos yeux comme des images de la vie universelle : mais la cause première demeure voilée et nous ne parviendrons à la comprendre qu'en traversant la mort.

Cette mort est pour beaucoup d'hommes, un épouvantable fantôme ; et cependant ce n'est pas autre chose, que notre délivrance des liens de la matière. Le corps n'est qu'un vêtement d'infériorité qui nous empêche de monter dans les mondes du progrès ; c'est une chrysalide qui s'ouvre quand nous sommes mûrs à une vie plus large et plus haute. Voyez la fleur qui charme nos yeux en nous enivrant de ses parfums : elle est née d'une graine tombée dans la terre. De même notre corps quand il retourne à cette terre, d'où il a été tiré, l'esprit qu'il retenait captif s'exhale comme un parfum vers les cieux, car l'esprit était contenu dans le corps, comme le parfum dans le germe de la fleur. »

« La mort est pour certains hommes un mal qui les frappe d'une terreur profonde, c'est bien là le résultat de l'ignorance, de l'*agnoscence*. La mort arrive par la débilité et la dissolution des membres du corps ; le corps meurt parce qu'il ne peut plus porter l'être : ce qu'on appelle mort, c'est seulement la destruction des organes corporels (l'esprit et l'âme ne meurent point)... »

Voici comment Hermès définit la vérité et en parle : « La vérité, c'est ce qui est éternel et immuable, la vérité est le premier des biens, la vérité n'est pas et ne peut être sur la terre ; il se peut que Dieu ait donné à quelques hommes, avec la faculté de penser aux choses divines, celle de penser aussi à la vérité ; mais rien n'est la vérité sur la terre, parceque toute chose est une matière revêtue d'une forme corporelle, sujette au changement, à l'altération, à la corruption, à la transformation. L'homme n'est pas la vérité, parce qu'il n'y a de vrai que ce qui a tiré son essence de soi-même, et qui reste ce qu'il est. Ce qui change au point de n'être pas reconnu, comment cela pourrait-il être la vérité ? — La vérité est donc ce qui est immatériel, qui n'est point enfermé dans une enveloppe matérielle, qui est sans couleur, et sans forme, exempt de changement et d'altération, en un mot, ce qui est éternel. Toute chose qui périt est mensonge et fausseté ; la terre n'est que corruption et génération, et toute génération procède d'une corruption ; les choses matérielles ne sont que des apparences et des imitations de la vérité, ce que la reproduction est à la réalité ; aussi les choses de la terre ne sont pas la vérité. ».

La méthode d'enseignement dite *Socratique*, c'est-à-dire par dialogues vient de l'Égypte. Nous venons de voir ce qu'Hermès dit à Asclépios, nous allons donner un autre morceau des livres hermétiques, c'est un dialogue qui renferme encore des traces évidentes des doctrines cosmologiques et psychologiques égyptiennes. Cet ouvrage grec, souvent publié, mais trop peu connu, passe pour avoir été traduit de l'égyptien.

Le dialogue en question a lieu entre Poimandrès, l'*intelligence suprême* et Thoth, *le Seigneur des divines paroles, le seigneur des écrits sacrés*, c'est-à-dire le seul juge digne parmi les hommes, de recevoir les conseils de la divinité ; en un mot Thoth représente l'intelligence humaine. Le dialogue a donc lieu entre l'Intelligence divine et l'intelligence humaine ; la première révélant à la seconde l'origine de son âme, sa destinée, sa mission, sa récompense.

Voici quelques courts extraits de ce livre intéressant à tant de titres.

Hermès nous dit que réfléchissant un jour sur la nature des choses, il s'efforçait d'élever son entendement vers les hauteurs de l'espace et que ses sens matériels complètement assoupis, comme il arrive dans un profond sommeil, il lui sembla voir un être d'une stature très élevée, qui l'interpella en ces termes :

« Tu souffres, ô fils de la terre et je viens te fortifier, car tu aimes la justice et tu cherches la vérité. Je suis Poimandrès la Pensée du tout puissant ; forme un vœu et tu seras exaucé.

— Seigneur, dit Hermès, donnez-moi un rayon de science divine.

— Tu as bien choisi, répond Poimandrès, que ton vœu soit exaucé. » Tout à coup, Hermès est ravi, il est dans une sorte d'extase, dans un émerveillement ; environné ou plutôt enserré au milieu de formes et de magnificences d'une richesse inouïe et tout cela éclairé d'une éclatante lumière. — Puis celle-ci pâlit insensiblement, tandis qu'Hermès est tout entier absorbé par le charme du spectacle qui s'offre à sa vue. Toutes les images du brillant Kaléidoscope, qui viennent de défiler devant ses yeux tout cela s'efface insensiblement par degrés et finit par disparaître dans une nuit cahotique ; Hermès est rempli d'effroi. De cette nuit s'échappe un bruit discordant rappelant les plus violents éclats de la foudre et du milieu de cette tempête, une voix sonore, tonitruante, dominant tout le fracas du milieu, duquel elle paraît sortir, parle à Hermès qui traduisant l'impression qu'il a ressentie nous dit : « Il me sembla que cette grande voix était celle de la Lumière disparue et le Verbe en sortit. — Ce Verbe était comme porté sur l'eau dont je sentais la fraîcheur et il en jaillit un feu pur et léger qui se dispersa dans l'air. Cet air (feu) subtil, semblable à l'Esprit flotte entre l'eau et le feu ; et dans les ondes de cet air ambiant, notre monde se balançait en équilibre comme une masse de substance encore informe qui attend l'œuvre créatrice. — Et le Verbe qui planait au-dessus de ces eaux célestes agita ce monde (1) et à mesure qu'il s'agitait la lumière se refaisait et les innombrables manifestations de la forme apparaissaient de nouveau l'une après l'autre et Hermès nous dit : « Il me sembla que je voyais toutes ces choses dans le miroir de ma pensée et alors la voix divine de Poimandrès se fit encore entendre avec douceur, et dit :

— As-tu bien compris ce que signifie ce spectacle ?

— Je le connaîtrai, dis-je.

— La Pensée est Dieu le père ; la Parole est son fils ; ils sont indissolublement unis dans l'Éternité et leur union, c'est la Vie.

(1) On sait depuis fort longtemps que certains magnétiseurs ont le pouvoir de faire bouillonner l'eau placée dans un bassin en imposant les mains au-dessus de l'eau.

— Médite d'abord sur la Lumière et arrive à la connaître.

Quand ces choses furent dit, Hermès pria longtemps Poimandrès, afin qu'il tourna sa face vers lui. Dès qu'il l'eût fait, Hermès aperçut dans sa pensée une lumière environnée de puissances innombrables, brillant sans limites, le feu contenu dans un espace par une force invincible se maintenait au-dessus de sa propre base. — Hermès vit toutes ces choses par l'effet du Verbe de Poimandrès, qui le trouvant plongé dans la stupeur lui parla ainsi :

« La Pensée et la Parole créent les Actes de la Toute-Puissance.

« De cette Toute-Puissance émanent sept esprits qui agissent dans les sept cercles ; et dans ces cercles sont contenus tous les êtres dont se compose l'Univers ; et l'action des sept esprits dans les cercles se nomme le Destin, et ces cercles eux-mêmes sont enfermés dans la Pensée divine qui les pénètre éternellement.

« Dieu a commis aux sept esprits l'empire des éléments et la création de leurs composés ; mais il a procréé l'homme à son image et s'étant complu dans cette image, il lui a concédé le pouvoir d'agir sur la nature terrestre.

« Or l'homme ayant vu dans son père le créateur de toute choses, conçut une fois l'ambition de s'égaler à sa Toute-Puissance et voulut pénétrer dans les cercles, dont l'empire ne lui était pas accordé. En troublant ainsi l'harmonie divine il se rendit coupable et son châtiment fut de devenir l'esclave de son corps. Immortel par son âme qui est l'image de Dieu, il s'est fait mortel par l'amour des choses changeantes et périssables.

« Toutefois la liberté lui a été laissée, afin qu'il pût par un courageux effort, se relever à sa hauteur originelle, en s'affranchissant de la servitude du corps et reconquérir son immortalité.

« Dieu veut donc que tout homme apprenne à se connaître lui-même et à distinguer son être supérieur invisible, de la forme visible qui n'est que l'écorce. Lorsqu'il s'est reconnu dans la dualité de sa création, il ne se laisse plus séduire par l'attrait des formes changeantes ; sa pensée n'a plus de regards pour chercher et poursuivre, à travers l'infini, la beauté absolue dont la contemplation est le souverain bien promis à l'intelligence réhabilitée.

« L'homme qui triomphe des tentations sensuelles agrandit ses facultés mentales ; Dieu lui mesure la lumière en proportion de ses mérites, et l'admet progressivement à pénétrer, dès cette vie les plus profonds mystères de la nature.

« Celui au contraire qui succombe aux séductions de la chair tombe peu à peu, sous l'empire des lois fatales qui régissent les éléments, et, en devenant leur proie, il se voue à l'ignorance perpétuelle qui est la mort de l'esprit.

« Bien heureux le fils de la Terre qui a conservé pure l'image de Dieu, et qui ne l'a point assombrie sous le voile d'infâmes concupiscences. Lorsque vient pour lui l'heure de quitter ce bas monde, son corps est rendu au domaine de la matière ; mais l'esprit dégagé de cette écorce usée par le temps, s'élève dans les sept cercles concentriques qui enveloppent le système terrestre.

« Dans le cercle de la *Lune*, il se reconnaît immortel ; dans celui de *Mercure*, il se sent impassible ; dans celui de *Vénus*, il se revêt d'innocence ; dans celui du *Soleil*, il reçoit la force de supporter sans défaillir l'éclat des divines splendeurs ; dans celui de *Jupiter*, il prend possession des trésors de l'intelligence divinisée et dans celui de *Saturne*, il voit la vérité de toutes choses dans son immuable beauté.

« Au-delà de ces cercles, règne l'infini des mondes, concourant à son pélerinage de cieux en cieux vers le Dieu suprême dont il approchera sans cesse, éternelle asymptote, sans l'atteindre jamais. (1) »

(1) Hermou tou trismegistou Poimandrès *seu Mercurii Trimegistii, liber de potestate et sapientiâ Dei* VENETIIS, in-fol. 1841.

Après avoir ainsi parlé, Poimandrès (la Pensée du Tout-Puissant) s'arrêta et la vision divine se prolongea dans l'*Aither*, mais l'âme d'Hermès était illuminée et dès lors, elle pouvait faire le plus grand bien au milieu des hommes en leur révélant le mystère de la vocation des âmes.

Remarquons en passant, que ce passage de Poimandrès confirme la croyance égyptienne en un Dieu-Unique invisible, ineffable, tout-puissant, infini et au-dessous de cette Divinité ou plutôt de cette MAJESTÉ SUPRÊME se trouvent sept esprits messagers de cette providence, agents de cette haute Volonté.

Ces sept esprits de la théogonie égyptienne sont les sept Dévas de l'Inde antique, les sept Amschaspands de la Perse, les sept grands anges de la Chaldée, les sept Sephirath de la Kabbalah hébraïque, enfin les sept archanges de l'Apocalypse de Saint-Jean, au pied du trône de l'Ancien des jours.

Nous aurions bien voulu pousser plus loin encore notre étude sur les livres d'Hermès, mais il faut savoir se borner ; nous pensons du reste que l'exposé très sommaire que nous venons de faire suffira pour donner un aperçu au lecteur des dogmes psychologiques égyptiens ; dont nous aurons l'occasion de parler du reste plus longuement dans d'autres chapitres.

CHAPITRE VII

ART SACRÉ. — OCCULTISME

Avec le présent chapitre nous abordons un des sujets les plus obscurs de la science égyptienne, sujet qui n'a jamais été traité par aucun auteur d'une façon un peu développée.

Disons en commençant, qu'indépendamment de la religion, du culte et des cérémonies religieuses que nous allons bientôt étudier, il existait en Égypte une science hermétique occulte qu'à tort ou à raison, on a nommé Art Sacré.

L'origine de cet art se perd dans la nuit des temps, on ne pourrait donc nommer son promoteur, son inventeur, mais dès l'époque historique, cet art eut pour premiers adeptes les prêtres de l'Egypte, les initiés de Thèbes et de Memphis. C'est dans les dépendances du temple, qu'ils avaient leurs laboratoires, car l'art Sacré de l'Égypte, n'est que l'Alchimie du moyen-âge, notre chimie moderne. A cette époque lointaine la philosophie et la science marchaient ensemble la main dans la main, le laboratoire fournissait le fait, la science du prêtre créait la théorie. L'initié à l'art sacré avait des pouvoirs très étendus sur les forces de la nature, c'était une sorte de Démiurge ou Dieu créateur.

Dans l'antiquité, de même qu'au moyen-âge toutes les connaissances humaines étaient englobées sous le terme générique de *Philosophie*, d'où, les alchimistes, astrologues, hermétistes, occultistes sont désignés sous le nom de philosophes. Ils l'étaient en réalité, puisque nous voyons par exemple, l'initié égyptien reconnaître dans toutes les opérations qu'il pratiquait, la transmutation des corps. Ainsi l'eau chauffée dans un vase ouvert quelconque, se transformait pour l'artiste sacré, en air (*vapeur*) et en terre blanchâtre (*fin de l'opération*) en une matière pulvérulente ; donc l'eau se changeait en air et en terre.

L'Initié brûlait-il à l'air libre (*calcination*) du plomb ou tout autre métal (or et argent exceptés), ce métal perdait ses qualités premières, il se transformait en cendres ou en une espèce de substance terreuse pulvérulente désignée au moyen-âge sous le nom de *métal mort*, et, si l'Initié chauffait à nouveau ce métal soi-disant *mort* dans un creuset avec des grains de froment, de la farine, des graines de la plante dite *Belle de nuit* (1), ou d'une semence quelconque il voyait

(1) Le *mirabilis galapa* de Linné, le *Nyctago hortensis*, de Jussieu a une graine noire de la grosseur d'un *petit pois de clamart*, elle renferme une fine farine très blanche.

bientôt le métal renaître de ses cendres et reprendre sa forme et ses propriétés premières. Devant ce résultat, l'initié devait conclure certainement que le métal censé détruit par le feu était rendu vivant (*redivivus*), révivifié par le blé et l'action de la chaleur, d'où l'image du phénix renaissant de ses cendres (1)

Voilà pourquoi dans le symbolisme égyptien les grains de froment représentaient la vie et par extension la vie de l'au-delà, la résurrection, la vie éternelle, parceque ces grains avaient révivifié le *métal mort*.

Tout ce qui précède, pourra-t-on nous objecter est une simple hypothèse. Le blé symbolisait la vie, parcequ'il nourrit l'homme ; la résurrection parceque la plante morte ressuscite par sa graine. Nous pourrions répondre que, toutes les graines nutritives étant dans le même cas, il peut paraître au moins singulier que les égyptiens soient allés chercher précisément, celle qui vérifie le mieux,

(1) Le Phénix était chez les Egyptiens, le Bennou, c'est-à-dire l'oiseau consacré à Osiris et l'emblème de la résurrection. Le bennou était notre vanneau moderne, ce morceau si fin et si recherché des gourmets qui a donné lieu à ce dicton populaire.

Qui n'a pas mangé de vanneau
N'a pas mangé de bon morceau.

L'antiquité Gréco-Egyptienne a transformé le bennou en phénix, qui renaissait, dit-on, de ses cendres, comme tous nos lecteurs le savent.

le plus sûrement le métal mort; mais nous n'insisterons point sur ce point. Nous avons en effet à soumettre au lecteur des preuves autrement sérieuses, des connaissances chimiques des anciens Égyptiens. En effet, dans des questions aussi graves on ne saurait fournir que des preuves incontestables, nous les fournirons bientôt.

Aujourd'hui, nous savons ou croyons savoir du moins, beaucoup de chimie, mais qui nous dit que les Égyptiens n'en savaient pas plus que nous. Quel serait le chimiste moderne assez osé pour prétendre que les Égyptiens ne connaissaient pas les procédés de la coupellation, eux dont les rois vivaient au milieu de la profusion de l'or et de l'argent comme nous le savons. S'ils connaissaient la coupellation, ils savaient comme nous que si l'on calcine dans des coupelles (faites en os pulvérisé) du plomb argentifère par exemple, le plomb se réduit en cendres et disparaît dans la substance même de la coupelle, et, à la fin de l'opération, il reste un petit résidu, un petit macaron ou lingot d'argent pur, de l'*argent coupellé*.

Or une simple opération telle que nous venons de la décrire, faite dans le laboratoire d'un temple, cette opération devait aux yeux de l'initié, passer pour une transmutation véritable.

Du reste dans les résultats de leur distillation

et de tous leurs travaux du laboratoire, les Égyptiens ne voyaient que la réalisation de cette théorie, à savoir que la *terre*, l'*eau*, l'*air* et le *feu* formaient les quatre éléments du monde, tous susceptibles de transformations. Le résidu de la distillation, résidu solide (*charbon*) représentait la terre, les *liquides*, l'eau et les *esprits* (gaz), l'air.

Quant au feu, ils le considéraient soit comme *action* ou *moteur* de l'opération, soit comme *purificateur*, soit enfin comme l'*âme* ou *lien invisible* de tous les corps en général.

L'Art sacré était entouré d'un grand respect; ce qui contribuait à augmenter, à exagérer même ce profond respect, c'est que les prêtres d'Isis et les initiés en général entouraient de mystères les expériences ; de plus le langage symbolique en usage pour les travaux rendait obscures pour le profane, les opérations à l'aide desquelles on les accomplissaient. Aussi ces travaux n'étaient-ils compris que des seuls initiés et il était défendu sous peine de mort de révéler ces mystères aux profanes.

Nous sommes intimement convaincu que les Pharaons et les grands Prêtres égyptiens connaissaient la pierre philosophale, cela seul peut expliquer l'énorme profusion d'or que possédaient ces souverains orientaux.

A l'appui de notre conviction, nous mentionnerons les écrits d'un homme le P. Kircher qui a toujours combattu l'opinion accréditée que les hermétistes du moyen-âge possédaient la pierre philosophale. En ce qui concerne la question, ce même auteur prétend (1) qu'ils faisaient de l'or sans le secours de cette pierre, mais par une *quintessence cachée dans tous les mixtes, imprégnée de l'Esprit Universel.*

Comme ce passage a une grande importance, nous allons le consigner ici. « Les Egyptiens n'avaient pas en vue la pratique de cette pierre (philosophale) ; et s'ils touchaient quelque chose de la pratique des métaux et qu'ils dévoilaient les trésors les plus secrets des minéraux, ils n'entendaient pas pour cela, ce que les alchimistes anciens et modernes entendent ; mais ils indiquaient une certaine substance du monde inférieur analogue au soleil ; douée d'excellentes vertus et de propriétés si surprenantes, qu'elles sont fort au-dessus de l'intelligence humaine, c'est-à-dire une quintessence cachée dans tous les mixtes, imprégnée de la vertu de l'esprit universel du monde, que celui qui, inspiré de Dieu et éclairé de ses divines lumières, trouverait le moyen d'extraire, deviendrait par son moyen

(1) *Œdipus Ægypt.*, tome II, p. 2 *de alchym.* c. 1.

exempt de toutes infirmités et mènerait une vie pleine de douceur et de satisfaction. Ce n'était donc pas de pierre philosophale qu'ils parlaient mais de l'élixir dont je viens de parler. »

Le P. Kircher joue ici sur les mots ; en effet, comment peut-il savoir si les Egyptiens faisaient de l'or avec un élixir ou avec une pierre ? Pour nous il suffit qu'il constate le fait. Or le P. Kircher le constate formellement dans le même passage de son Œdipe, quand il dit : « il est constant, que ces premiers hommes (les Egyptiens) possédaient l'art de faire de l'or, soit en le tirant de toute sorte de matières, soit en transmuant les métaux, que celui qui *en douterait ou qui voudrait le nier se montrerait parfaitement ignorant en histoire.* (C'est nous qui avons souligné ces lignes)..... « Les prêtres, les Rois, les chefs de famille en étaient seuls instruits. Cet art fut toujours conservé dans un grand secret, et ceux qui en étaient possesseurs gardèrent toujours un profond silence à cet égard, de peur que les laboratoires et les sanctuaires les plus cachés de la Nature étant découvert au peuple ignorant il ne tournât cette connaissance au détriment et à la ruine de la République. L'ingénieux et prudent Hermès, prévoyant ce danger qui menaçait l'État, eut donc raison de cacher cet art de faire de l'or sous les mêmes voiles et les mêmes obscurités hiéroglyphiques, dont il se servait pour cacher au peuple profane la partie de la philosophie qui concernait Dieu, les Anges et l'Univers.»

Ainsi que ce soit au moyen d'une pierre ou au moyen d'un élixir, le P. Kircher reconnaît parfaitement que les Egyptiens pouvaient faire de l'or.

Mais un auteur, Haled, dans ses Commentaires sur Hermès est encore plus explicite ; il nous dit en effet : « qu'il y a une essence radicale primordiale, inaltérable dans tous les mixtes, qu'elle se trouve dans toutes les choses et en tous lieux ; heureux celui qui peut comprendre et découvrir cette secrète essence et la travailler comme il faut ! Hermès dit aussi que l'eau est le secret de cette chose, et l'eau reçoit sa nourriture des hommes. Marcuna ne fait pas difficulté d'assurer que tout ce qui est dans le monde se vend plus cher que cette eau ; car tout le monde la possède ; tout le monde en a besoin. Abuamil dit en parlant de cette eau qu'on la trouve en tout lieu, dans les plaines, les vallées, sur les montagnes, chez le riche et le pauvre, chez le fort et le faible. Telle est la parabole d'Hermès et des Sages touchant leur pierre ; c'est une eau, un esprit humide, dont Hermès a enveloppé les connaissances sous des figures symboliques les plus obscures et les plus difficiles à expliquer. »

Cette matière, cette essence provenant d'un feu caché et d'un esprit humide, il ne faut pas s'étonner que Hermès nous l'ait représentée hiéroglyphiquement sous le symbole d'Osiris, qui veut dire *feu caché*, car il est roi de la région inférieure (*regio inferna*) et d'Isis qui, considérée comme identification de la Lune, signifie *Nature humide*.

Nous conclurons donc en disant que l'art sacré égyptien est devenu au moyen-âge l'alchimie et de nos jours la chimie. Ce qui démontre une fois de plus que la science, toujours une, toujours la même, revêt des formes diverses pour chacune des périodes qu'elle traverse. Cette filiation montre aussi combien notre chimie moderne doit à l'alchimie, et par suite à l'art égyptien. Cependant une certaine coterie n'a pas assez de sarcasme pour ce moyen-âge auquel nous devons tant.

En effet, en feuilletant l'histoire, nous voyons livre en main, que du IXe au XVIe siècle, si les artistes et les savants n'étaient pas aussi nombreux qu'à notre époque, ils furent la plupart des hommes très illustres ; ce sont eux qui ont créé notre architecture nationale, peuplé nos musées, malgré tout ce qui a péri, d'un très grand nombre d'œuvres d'art ; ensuite nous sommes bien obligés de reconnaître que les alchimistes ont été les créateurs, les pères de notre chimie moderne (1). Ces pauvres alchimistes ne clamaient pas leurs découvertes par dessus les toits, mais ils les consignaient dans les livres et ils les enveloppaient de symboles et d'allégories que seuls pouvaient comprendre les initiés. S'ils cachaient avec tant de soin leur science, c'est qu'ils avaient de bonne raison pour agir ainsi, il pouvait leur en coûter la vie ou tout au moins la liberté.

Ensuite les alchimistes du moyen-âge avaient une grande qualité : la patience. Jamais un insuccès ne les rebutait. Un philosophe hermétiste en train d'opérer venait-il à mourir au milieu de l'opération du Grand'Œuvre ; son fils la continuait, car il n'était pas rare de voir un père léguer par testament à son fils les secrets d'une expérience incomplète.

Quant à nous, au lieu de nous moquer de ces

(1) A propos des *chimistes égyptiens*, voici ce que nous disons dans notre *Dictionnaire Raisonné d'Architecture* Tome II, Verbo EGYPTIEN, (*art.*)

« *Peinture.* — Si les Egyptiens ne furent pas de grands peintres, ils furent jusqu'à un certain point coloristes; en tous cas, leurs préparations colorantes pourraient les faire passer pour d'excellents chimistes, car après quatre mille ans, les tons qu'ils ont employés se sont conservés, dans beaucoup de locaux fermés, aussi vifs et aussi brillants que le jour de leur emploi. C'était aux prêtres qu'était réservée la charge de peintre... etc. »

4 vol. in 8° Jésus. Paris. Firmin-Didot et Cie.

alchimistes, nous les admirons et loin d'être surpris du peu de valeur des travaux alchimiques du moyen-âge, nous sommes plutôt étonné du peu de progrès accomplis par notre chimie moderne. Il ne faut pas perdre de vue en effet, que si aujourd'hui une découverte rapporte à son auteur honneur, gloire et profits, c'était tout le contraire au moyen-âge. Puis, nos chimistes ont eu à leur disposition des matériaux, ceux que leur ont légués les alchimistes ; ceux-ci n'avaient rien, il leur a fallu créer de toutes pièces l'art sacré des Egyptiens ; ils ont eu le grand mérite de renouer la chaîne rompue entre l'antiquité et les temps modernes.

Honneur donc aux alchimistes, les dignes disciples de l'Art sacré Egyptien !

Que de découvertes par eux faites, qu'ils ont été obligés d'entourer de mystères si épais, que la plupart ont été perdues, pas peut-être par tous les savants ! L'illustre et regretté Chevreul, notre grand chimiste contemporain, l'auteur de si nombreuses découvertes a beaucoup puisé dans l'alchimie, l'admirable bibliothèque hermétique qu'il a laissé à notre Muséum d'histoire naturelle prouve, sinon qu'il doit beaucoup à l'alchimie, du moins qu'il en appréciait la haute valeur.

Revenant à l'Art sacré des Egyptiens, nous

dirons en manière de conclusion qu'il est aujourd'hui parfaitement démontré que les prêtres de l'Egypte connaissaient l'alchimie et la transmutation des métaux, ou tout au moins le moyen de faire de l'or. L'histoire nous apprend que Dioclétien, comme tous les empereurs romains du reste, abusant de sa victoire en Egypte, y fit rechercher et brûler tous les anciens livres de chimie qui traitaient de la fabrication de l'or, afin d'appauvrir les rois égyptiens qui ne soutenaient la lutte contre Rome qu'à cause du secret qu'ils possédaient de faire de l'or.

DEUXIÈME PARTIE

Religion, Mythes, Symboles, Prêtres, Prêtresses, Juges, Cérémonies et Fêtes

CHAPITRE VIII

RELIGION, DIEU UNIQUE

De toutes les religions, l'une des plus commentées, des plus discutées et cependant des moins connues, c'est la religion de l'antique Egypte.

Aujourd'hui même, où les mœurs et la civilisation de ce grand pays sont pourtant si étudiées, il n'existe pas en France un travail, nous ne dirons pas complet, mais de quelque étendue sur la religion, les mythes et les symboles égyptiens, en ce qui concerne l'interprétation de leur ésotérisme.

On a cru trop longtemps, et bien à tort, que cette religion n'était qu'une réunion, un ramassis de cultes locaux ; c'est là une grave erreur dans laquelle sont tombés beaucoup d'archéologues éminents, des hommes même de la valeur de M. le vicomte de Rougé.

Il faut bien plutôt admettre que cette multitude de divinités adorées en Egypte ne représente que des types divers d'un seul et même Dieu ; nous le verrons bientôt, désigné suivant les localités, sous des noms divers.

Ce qu'on a débité de fables, de sottises, de niaiseries au sujet du culte égyptien est incalculable. Et, fait digne de remarque, le fondateur de la religion égyptienne, en profond *Voyant* qu'il était, avait parfaitement prévu la chose.

Nous lisons, en effet, dans un des livres de Thoth (Hermès-Trismégiste) : « O Egypte ! ô Egypte ! Un temps sera où, au lieu d'une religion pure et d'un culte pur, tu n'auras plus que des fables ridicules, incroyables à la postérité et qu'il ne te restera plus que des mots gravés sur la pierre, seuls monuments pouvant attester ta réelle piété. »

Ces paroles sont non-seulement prophétiques, mais elles résument encore fort bien ce que le gros public, la foule pense de nos jours de la religion égyptienne, la plus belle, la plus pure, la plus avancée des religions ou plutôt des philosophies, celle à laquelle seront obligées de se rallier un jour les civilisations avancées. Il n'est donc pas étonnant que l'*Écriture Sainte* ait vanté la *Sagesse des anciens Egyptiens.*

Mais Hermès, ne l'oublions pas, nous dit aussi : « Il ne te restera plus que des mots gravés sur la pierre, seuls monuments pouvant attester ta réelle piété. »

C'est à l'aide de ces mots gravés sur la pierre et grâce aussi aux manuscrits, que nous allons essayer de restituer en partie, cette belle religion.

Le travail que nous allons soumettre au lecteur est neuf et plein d'aperçus nouveaux ; comme on va voir, mais ils sont très exacts.

On a dit et répété à satiété que la religion Egyptienne était panthéistique. C'est là une grosse, très grosse erreur, malheureusement trop accréditée ; voilà pourquoi il importe de la réfuter avant tout.

Il existe un Panthéon Egyptien, c'est là un fait incontestable, mais ce Panthéon ne contient des Dieux, que dans l'imagination de ceux qui ne l'ont pas compris, ou de ceux qui ont voulu détruire la religion Egyptienne, et la ruiner sous le ridicule.

Les mythes et les symboles que nous allons bientôt analyser, tous les habitants de ce qu'on nomme à tort *Panthéon*, ne sont que [illegible]s rôles (*personæ divinæ*) de l'UN UNIQUE qui est sans second (1), seul Dieu adoré en Egypte.

Dans une remarquable étude sur l'*Hymne d'Ammon-Ra* des papyrus du Musée de Boulaq, M. Eugène Grébaut (2) a parfaitement démontré que «l'ensemble des dieux forme la collection des personnes (*personnæ* rôles, ne l'oublions pas), dans laquelle réside le Dieu UN QUI EST SANS SECOND. — Ces mots sont la traduction littérale du texte même de l'hymne.

Dans cette étude sur Ammon, M. Grébaut nous donne la véritable conception égyptienne de la Divinité :

« L'Égypte monothéiste a considéré les dieux dans son panthéon comme les noms qu'un être unique recevait dans ses divers rôles, en conservant dans chacun, avec son identité, la plénitude de ses attributs. Dans son rôle d'Eternel, antérieur à tous les êtres sortis de lui, puis dans son rôle de Providence qui, chaque jour, conserve son œuvre, c'est toujours le même être réunis-

(1) C'est l'*hymne à Ammon-Ra*, qui emploie cette expression : *qui est sans second*. P. 7, lignes 21 et 22. Voir ci-après la note bibliographique sur cet hymne.

(2) *Hymne à Ammon-Ra*, par Eug. Grébaut, Paris 1873 in-8° br., 2° édition. Hymne à Ammon-Ra des papyrus égyptiens du musée de Boulaq traduit et commenté. Paris 1875, in-8 br., la première citation est de la première édition, les suivantes de la deuxième, sauf indications contraires.

sant dans son essence les attributs divins. Cet être qui en soi, un et immuable, mais aussi mystérieux et inaccessible aux intelligences, n'a ni formes ni nom, se révèle par ses actes, se manifeste dans ses rôles, dont chacun donne naissance à une forme divine qui reçoit un nom et est *un dieu.* »

Et le même auteur ajoute plus loin avec raison, après nous avoir dit que les diverses formules égyptiennes nous présentent les dieux soient comme engendrés par le Dieux Unique, soit comme étant ses propres membres, M. Eugène Grébaut, nous dit : « Il faut remarquer que, loin d'être une expression de polythéïsme, ces formules avaient précisément pour but d'en écarter l'idée. Ce ne sont pas *les dieux* qu'on adore, au contraire, on leur dénie l'existence personnelle ; on adore sous le nom d'un dieu quelconque, le dieu caché qui, en se transformant lui-même, en s'enfantant pour de nouveaux rôles, engendre les dieux, ses formes et ses manifestations..... *Le Dieu qui n'a pas de formes et dont le nom est un mystère*, est une âme agissante, qui remplit de nombreux rôles personnifiés par les dieux ; ceux-ci sont des formes procréées, c'est-à-dire animées par l'âme qui les revêt ou pour nous servir de l'expression de l'hymne même, *qui les habite.* Elle circule de rôle en rôle, sans perdre jamais une seule des qualités qui sont de son essence divine. De quelque nom qu'il l'appelle, sous quelque forme qu'il la cherche, quelle que soit la manifestation sous laquelle il la reconnaît, le croyant la proclame toujours l'âme de tous les dieux, le Dieu unique *qui n'a pas de second*, et lui attribue toutes les perfections divines. »

On voit donc par ce qui précède que, loin d'adorer plusieurs dieux, les Égyptiens n'en reconnaissaient qu'un SEUL, qui, suivant les temps a pu changer de nom ou être identifié à une divinité secondaire quelconque.

A l'appui de notre thèse, nous mentionnerons des textes et même des expressions de légendes sacrées ; nous lisons par exemple à propos de ce *dieu* UN : « *Il est le seul être vivant en vérité !*

« *Il a donné naissance à tous les êtres et à tous les dieux inférieurs.*

« *Il a tout fait et n'a pas été fait ; il s'engendre lui-même.*

« *Forme unique qui produit toutes choses.*

« *Hommage à toi, auteur de toutes les formes ! Etre Un, qui est seul...* »

Il y a lieu de remarquer cette expression : *il s'engendre lui-même ;* cette assertion est peut-être le fait le plus curieux de la doctrine égyptienne. — Ainsi : le dieu RA (Soleil) s'engendre lui-même ; à Saïs, par exemple, où il était considéré comme le fils de la déesse Neith (1), on disait qu'*il était enfanté, mais n'avait pas été engendré*, parce qu'il descendait lui-même dans le sein de sa mère par sa propre vertu.

Voilà donc l'opération du Saint-Esprit, bien mieux expliquée que dans la religion chrétienne ; il est bien évident que Jésus a été aussi enfanté par sa mère, mais il n'a été également engendré que par sa propre vertu.

Revenant à la doctrine religieuse des Egyptiens, nous donnerons comme nouvelle preuve

(1) Neith ou Neit personnifiait l'espace céleste ; elle était appelée la Vache génératrice ou mère génératrice du Soleil. — Diodore nous apprend que dans la haute antiquité, l'*air* (*aither*) *était appelé Minerve ;* c'est sans doute pour cela qu'on la considérait aussi comme la déesse de la Sagesse, déesse qui a joué un grand rôle dans toutes les religions.

Chez les Hébreux, nous voyons dans le *Livre de la Sagesse* (VII, 21.) que c'est une personnalité distincte de Dieu, mais que c'est elle qui a tout créé et tout enseigné. C'est le souffle de la force divine, c'est une émanation du Tout-Puissant, émanation si pure que sa pureté lui permet de tout savoir, de tout pénétrer. Elle est souvent représentée assise auprès de Dieu sur son trône même. IX, 4.

Le chapitre XXIV de l'Ecclésiaste nous présente la sagesse divine comme toujours présente dans les conseils du Seigneur, et le verset 14 de ce même chapitre nous dit : « J'ai été créé dès le commencement et avant les siècles ; je ne cesserai point d'être dans la suite de tous les âges, et j'ai exercé devant Lui (Dieu) mon ministère dans la maison sainte. »

de leur croyance en un seul Dieu le fait suivant : c'est qu'Aménophis IV, roi très religieux (quoique certains prétendent) ne voulut en montant sur le trône (et ceci à l'instigation de sa mère Taïa) admettre dans son pays que le culte de RA (Soleil) représenté par un disque lumineux (dont les rayons se terminent par des mains. Ce grand réformateur fit même marteler sur les monuments antérieurs à son avènement, les noms des divinités, autres que Ra. Il n'hésita pas à transporter sa résidence de Thèbes à Tell-el-Amarna, afin de pouvoir donner un libre développement à la Réforme religieuse qu'il avait entreprise.

L'histoire nous apprend qu'Aménophis IV fut un puissant roi ; les tributs que lui apportaient les Asiatiques et les Ethiopiens, de même que les vastes constructions qu'il fit ériger à Thèbes, à Saleb et à Tell-el-Amarna, peuvent témoigner de la grande puissance de ce Pharaon. Mais, comme tous les réformateurs, il s'aliéna la caste sacerdotale ; aussi après sa mort, les prêtres voulurent effacer son nom de la liste des souverains nationaux (1).

Aux précédents témoignages en faveur d'un *Dieu Unique* chez les Egyptiens, nous ajouterons ceux d'Hérodote, de Porphyre et de Jamblique.

(1) Sur le règne d'Aménophis IV, Cf. *Les Monuments* de Lepsius T. III, 91 et 107.

Hérodote dit que les Thébains avaient l'idée d'un *Dieu Unique*, qui n'avait jamais eu de commencement et qui était immortel.

Porphyre affirme également que les Egyptiens ne connaissaient autrefois qu'un *Dieu Unique*.

Jamblique grand scrutateur des philosophies anciennes, savait d'après les Egyptiens eux-mêmes, qu'ils adoraient un seul Dieu, maître et créateur de l'Univers, supérieur aux éléments, incorporel, immatériel, incréé, invisible, indivisible; et ce philosophe ajoute: « La doctrine symbolique nous enseigne que par le grand nombre des divinités, elle ne montra qu'un seul Dieu, et par la variété des pouvoirs émanés de lui, l'unité de son pouvoir. C'est ainsi que parlaient les philosophes égyptiens eux-mêmes et qu'ils s'exprimaient dans les livres sacrés. »

De pareils témoignages ont, ce nous semble, une toute autre autorité que les plaisanteries plus ou moins grotesques de sectaires intéressés à ternir la religion égyptienne et à réserver à la leur, les révélations de l'esprit et les grandes et nobles inspirations de l'âme.

Ajoutons que l'étude récente des monuments de l'Egypte, les peintures qui couvrent ses édifices, ses sarcophages et ses boîtes de momies, enfin l'interprétation des textes écrits, confirment pleinement ce que nous venons de rapporter.

Donc, il ne faut considérer les personnages du Panthéon Égyptien que comme des êtres, des divinités secondaires, servant d'intermédiaires entre le DIEU UNIQUE et ses adorateurs.

Dans les entretiens du comte de Gabalis, nous trouvons un curieux passage qui vient corroborer en tout point ce qui précède (1) : « Ceux-là, dit-il, ont rendu un grand service à la Philosophie (occulte) qui ont estably des créatures mortelles entre les Dieux et l'homme, ausquelles on peut rapporter tout ce qui surpasse la faiblesse humaine et qui n'approche pas de la grandeur divine.

« Cette opinion est de toute l'ancienne philosophie. Les Platoniciens et les Pythagoriciens

(1) LE COMTE DE GABALIS, Trois. Entret. p. 108 à 110, Ed. de 1671. Paris, Claude Barbin et p. 71 et 72 de l'édition de M.D.CCXV. Amsterdam, Pierre de Coup : cette dernière édition complète est la bonne.— On sait que l'auteur des Entretiens sur les sciences secrètes est l'abbé de Montfaucon de Villars. (Voir Barbier). Cet abbé est né en 1635, près Toulouse, de la famille de Camillac de Villars ; il était neveu du bénédictin de Montfaucon ; il vint à Paris en 1667. (Vigneul de Marville parle du comte de Gabalis, mélanges T. I., p. 228).— La première édition est celle que nous venons de mentionner ci-dessus ; quand elle parut, le livre fit une sorte de scandale auprès des dévots, surtout à cause de ces mots : « L'ancienne religion de nos pères les philosophes (p. 65 et 66). La deuxième édition est de 1684.— Ce pauvre abbé mourut assassiné à 38 ans sur la route de Lyon en 1673. — Ce qui prouve peut-être qu'à cette éqoque, il était dangereux d'étudier et surtout d'écrire des livres sur l'*Occultisme*.

l'avoient prise des Égyptiens et ceux-ci de Joseph le Sauveur et des Hébreux qui habitèrent en Égypte avant le passage de la mer Rouge. Les Hébreux appelaient ces substances qui sont entre l'Ange et l'homme *Sadaim;* et les Grecs transposant les sillabes et n'ajoutant qu'une lettre, les ont appelez *Daimonas.* Ces démons sont chez les anciens Philosophes (Hermétistes) une gente aérienne dominante sur les éléments, mortelle, engendrante, méconnue dans ce siècle par ceux qui recherchent peu la vérité dans son ancienne demeure, c'est-à-dire dans la théologie des Hébreux, lesquels avaient par devers eux l'Art particulier d'entretenir cette nation aérienne et de converser avec tous ses habitants de l'air.

« Le Théraphim des Juifs n'estoit que la cérémonie qu'il falloit observer pour ce commerce ; et ce juif Michas qui se plaint, dans le *Livre des juges*, qu'on lui a enlevé les dieux, ne pleure que la perte de sa petite statue dans laquelle les sylphes l'entretenoient. Le dieu que Rachel déroba à son père étoit un Théraphim. Michas ni Laban ne sont repris d'idolâtrie ; et Jacob n'eût garde de vivre quatorze ans avec une idolâtre, ni d'en épouser la fille ; ce n'estoit qu'un commerce de sylphes et nous sçavons par tradition que la cynagogue tenoit ce commerce permis et que l'idole de la femme de David n'estoit que le Théraphim à la faveur duquel, elle entretenoit les peuples élémentaires : car vous jugez bien que le prophète du cœur de Dieu n'eût pas souffert l'idolâtrie dans sa maison. »

Dans la citation que nous venons de donner, nous ne trouvons qu'un fait erroné : c'est que le comte de Gabalis croit que les Égyptiens tenaient leur philosophie des Hébreux, ce qui est tout le contraire ; mais ceci n'infirme en rien les idées exprimées dans notre citation.

Après cette digression, disons que de tout temps, l'homme a employé pour communiquer avec Dieu de saints personnages. Cette coutume est constante chez un très grand nombre de peuples et se retrouve encore de nos jours, par exemple en Algérie, à Alger même, où l'on voit quantité de femmes dans les *Zaouia* (1) autour de la *koubba* (tombeau) d'un marabout. Les femmes lui racontent leurs petites affaires : soucis, disputes, griefs envers le mari ; enfin elles lui exposent tous leurs sentiments intimes, afin qu'il leur suggère de bons conseils.

(1) On nomme *Zaouia* une petite mosquée réunie à une *koubba* ou tombeau d'un Marabout (Saint-Personnage). Très souvent une école et un cours de haut enseignement pour les musulmans sont joints à la Zaouia. Une des plus pittoresques et des plus originales que nous connaissions est la Zaouia à Abd-er-Rahman-el-Tealbi à Alger, elle est située à l'extrémité de la ville arabe.

Là, autour de la *koubba*, dans la demeure de leur saint, ces femmes sont bien chez elles. Aussi il faut voir comme est parée la demeure du personnage, de l'intermédiaire avec Dieu, qui est trop loin d'elles pour leur esprit étroit et borné et qui est surtout dans ce même esprit, trop grand pour s'occuper de leur humble personne.

Revenant aux Égyptiens, disons qu'ils n'adoraient qu'un seul Dieu ; c'est là un fait certain, incontestable.

Mais ce Dieu Unique, quel est-il ?

C'est le Dieu inconnaissable, l'innommé, celui qui a toujours été, le Dieu de toute éternité, celui auquel les prêtres égyptiens durent donner une forme, une figure, afin que le vulgaire put le comprendre, se représenter et saisir en un mot ce ÊTRE INCONNAISSABLE, qui n'a jamais eu de commencement et n'aura jamais de fin. C'est pour cela qu'ils créèrent RA (le Soleil) qui est le plus ancien Dieu de l'Égypte. Sa naissance quotidienne, quand il sort du sein de la nuit, est le symbole naturel des idées de l'éternelle génération de la Divinité. C'est pourquoi l'espace céleste infini est identifié avec la mère divine Neith. Le soleil, en réveillant chaque matin, de ses rayons lumineux, la nature entière, semble donner pour ainsi dire la vie à tous les êtres vivants ; il n'était donc pas de meilleur emblème pour l'*Être suprême*, RA étant le créateur par excellence, celui en un mot qui s'approche le plus près du Dieu Unique par les bienfaits qu'il accorde à l'homme.

CHAPITRE IX

DIVINITÉS ; LEURS FORMES.— LE SOLEIL

Après ce Dieu Unique, venaient des divinités ou *rôles*, lesquelles étaient représentées sous trois formes différentes : la forme humaine et des attributs spéciaux ; le corps humain, mais avec la tête de l'animal spécialement consacré à la divinité ; troisièmement enfin, l'animal lui-même avec les attributs de la divinité qu'il représentait.

Les figures des divinités sont faites de matières très diverses : argile, cire, bois, terre cuite, crue, vernissée, émaillée, porcelaine, pierres dures, pierres tendres, pierres fines ou précieuses, bronze, argent, or. Les figures et figurines de bois et de bronze sont parfois dorées, souvent celles de bois sont peintes avec les couleurs conventionelles, consacrées. Du reste, comme rien n'est laissé à l'arbitraire de l'artiste, on retrouve toujours les mêmes principes et pour ainsi dire une unité constante, ce qui permet d'expliquer sans hésitation possible, les scènes représentées. Ce qui facilite encore cette interprétation, c'est que les mêmes attributs indiquent toujours les mêmes personnages divins. Ceux-ci ont beau être très nombreux dans ce qu'on dénomme faussement le Panthéon Egyptien, leurs *caractères* et *attributs* permettent toujours de les reconnaître à première vue.

Voici du reste, les caractères généraux communs à tous les personnages divins : 1° ils portent à la main la croix ovoïdée (*croix ansée*), symbole de la vie en général et de la vie divine en particulier ; 2° le sceptre, c'est parfois le *Pedum* (*bâton recourbé*) ou bien un long bâton surmonté d'une tête de coucoupha pour les personnages masculins. Le coucoupha, nous l'avons vu précédemment, symbolise la bienfaisance. Les personnages divins féminins portent bien le même bâton, mais terminé par une fleur de lotus ou par la graine de cette plante aquatique.

Ces divinités sont assises sur un trône ou bien encore debout. Souvent les hommes portent la barbe tressée. On reconnaît ces mêmes divinités à leurs coiffures spéciales et à d'autres signes particuliers ; nous avons eu et nous aurons encore occasion de parler des uns et des autres dans le cours de cette étude.

Jusqu'ici, les Egyptologues qui ont étudié la religion égyptienne n'ont pu le faire avec profit et utilité pour la science, et cela pour plusieurs motifs. D'abord parce que le fond de cette religion se cache sous des symboles et des mythes profonds que les manuscrits et tout ce qui nous reste de l'Egypte ne permettent pas de pouvoir interprêter d'une manière certaine, positive. Ensuite, parce que tous ceux qui se sont occupés de cette importante question n'ont pas assez confronté les rites, les coutumes et cérémonies religieuses de l'Egypte avec les mêmes rites, coutumes et cérémonies de l'ancienne religion des Védas ; or, nous estimons que ce n'est que lorsque celle-ci sera suffisamment connue, que nous pourrons mieux comprendre et interprêter l'ésotérisme de la religion de l'antique Egypte. Et de même que certains passages de la *kabbalah*, rapprochés de certains textes de la haute Egypte, nous permettent d'heureuses interprétations, nous supposons aussi que la religion des anciens Védas mieux connue, nous donnera la clef de certains points très obscurs de l'égyptologie sacrée.

Le culte du Soleil chez les anciens Parsis, sectateurs de la religion de Zoroastre pourrait aussi fournir d'utiles renseignements ; car le Soleil chez les Egyptiens n'était pas seulement une planète (1), c'était encore une émanation directe

(1) Dans l'astronomie ancienne, on nommait planètes, les astres errants, par opposition aux étoiles fixes : le Soleil, la Lune, Mercure, Vénus, Mars, Jupiter, Saturne.

de la Divinité Unique ; aussi après Dieu, il était la première divinité, de même que dans la religion juive, Dieu n'était que le premier des Ælohim, qui sont les divinités personnifiant les forces créatrices de l'Univers (1).

Les Egyptiens croyaient, du reste, que cet astre est formé par l'agglomération d'une quantité innombrable de purs esprits, de ceux qui approchent le plus près de la Divinité Unique. Ils croyaient que toutes ces émanations, corps très brillants, formaient par leur agglomération, la lumière solaire qui a tout créé, tout vivifié et a partout répandu la vie.

Tout existant par cet astre, rien ne pouvant vivre sans lui, il était logique d'en faire la représentation directe du Dieu Un.

Quand nous parlerons de l'âme, nous espérons démontrer que la conception du soleil ainsi comprise, n'est peut-être pas aussi déraisonnable qu'elle en a l'air de prime abord.

Dans l'astronomie moderne la planète est un astre qui se meut autour du soleil et emprunte de lui sa lumière. Mercure, Vénus, la Terre, Mars, Jupiter, Saturne, Uranus, Neptune.

(1) Ra aurait été chez les Hébreux la manifestation En-Soph, laquelle manifestation s'appelle *la Blanche lumière*. Si Ra était considéré comme émanation du Dieu Unique, *Thoth* avait un rôle de conciliateur ; on le nomme souvent *Hotep-Nuturu*, c'est-à-dire « celui qui unit harmonieusement les divinités. »

Mais dans ce pays si fortement hiérarchisé, le culte ne pouvait pas, ne pas l'être également. Il y avait donc : 1° le Dieu Unique, l'Un inconnu, inconcevable, l'En-Soph de la Kabbalah ; 2° les personnages divins, attributs du Dieu Unique ; 3° les animaux divins symbolisant les attributs des attributs du Dieu Unique.

Ajoutons que, dans tout ce qui va suivre, on ne devra considérer les mots : Divinités, Personnages divins, non comme des synonymes de Dieu, mais comme des intermédiaires entre Dieu et l'homme. Si nous employons le mot *Divinités*, c'est parce que nous n'avons pas d'autres expressions pour remplacer ce terme que l'usage a consacré ; mais il demeure, bien entendu, que Dieu seul est Dieu et que les Divinités sont les premiers purs esprits, ses intermédiaires, ses ministres, ses agents actifs et obéissants, si l'on veut.

En résumé, nous pouvons déjà conclure, que l'Egypte croyait à un seul Dieu, enveloppé peut-être à dessein par la caste sacerdotale de formes panthéistiques et polythéistes ; mais la religion Egyptienne est dans son *Esotérisme* un *monothéisme pur* se manifestant dans son *exotérisme* par un *polythéisme symbolique*.

La religion Egyptienne comportait trois divisions principales : le *dogme* ou morale ; la *hié-*

rarchie désignant le rang et l'autorité des prêtres ; enfin le *culte* qui comprenait les fonctions des prêtres, les rites et cérémonies sacrées pratiquées soit en public soit dans le plus profond secret du sanctuaire.

CHAPITRE X

LES MYTHES ET LES SYMBOLES

1. *Le Soleil.* — L'un des grands mythes égyptiens, le plus grand même pourrions-nous dire, après Isis, c'est le soleil *Ra* ou *Phré*, qui se lève à l'Est sous le nom d'Horus, et se couche à l'Ouest sous les noms de Toum, Atoum et de Aw. Ce dernier considéré comme le soleil nocturne, signifie en égyptien, *chair*, *matière animale*, parce qu'il est le prototype des évolutions mystérieuses de la matière organique entre la mort et le retour à la vie. Aw est représenté avec une tête de bélier.

L'espace du ciel compris entre l'Est et l'Ouest représente l'hémisphère inférieur, que traverse le soleil nocturne pendant les douze heures de la nuit.

2. *Ammon-Ra.* — Ammon signifie en égyptien *caché*, *invisible*, *mystérieux*, et Ra *soleil*, nous venons de le voir ; donc *Ammon-Ra*, personnage divin, représente le Dieu invisible, mais qui se rend visible aux hommes, sous la forme du Soleil. C'est à Thèbes, à partir de la XIme dynastie

qu'a été adopté pour la première fois le mythe d'Ammon-Ra.

3. *Ptah.* — Ammon descend de Ptah, c'est-à-dire que dans la généalogie divine, le rôle d'Ammon a succédé à celui de Ptah comme l'indique M. Eugène Grébaut dans la traduction de son *Hymne d'Ammon-Ra.*

« En comparant, dit cet auteur (1), les titres de Ptah et ceux qui sont donnés à Ammon, on ne tarde pas à s'apercevoir que, si ces deux dieux possèdent chacun les mêmes attributs, ils se distinguent cependant par leurs actes. Ptah agit avant et Ammon depuis la création. Ptah représente Dieu dans son rôle d'Etre, qui a précédé tous les êtres ; il crée bien les étoiles et l'œuf du Soleil et de la Lune, il semble préparer la matière, mais là s'arrête son action, là aussi commence celle d'Ammon. Ammon *organise* toute chose, il *soulève* le ciel et *refoule* la terre, il donne le *mouvement* aux choses qui existent (*ar-ta*, choses faites) dans les espaces célestes (2) ; il *produit* tous les êtres hommes et animaux, et le mot qui marque cette production (*keman*) est le même qui sert à désigner les productions de la terre. Enfin après avoir organisé tout l'Univers, Am-

(1) P. 10 et 11 de l'*Hymne d'Ammon-Ra*, 1 br. in-8° Paris, 1873.

(2) Il s'agit sans doute des astres créés par Ptah.

mon le maintient chaque jour par sa providence (1) ; chaque jour il donne au monde la lumière qui vivifie la nature, il conserve les espèces animales et végétales et maintient toutes choses. »

« On ne s'étonnera plus qu'Ammon soit le fils de Ptah, puisqu'il en est le continuateur. Conclure de là que Ptah et Ammon ne sont que des noms différents donnés au même dieu, selon le rôle particulier dans lequel on voulait l'honorer, et chose d'autant plus naturelle, qu'Ammon étant, « l'auteur de l'éternité », n'a pu commencer après Ptah, ni, étant le «Un Unique» coexister avec lui. Loin d'être un obstacle au monothéisme, la plénitude des qualités divines et l'indépendance attribuées à chaque dieu en devient au contraire la conséquence naturelle. C'est le même dieu toujours identique à lui-même dans le développement de son action éternelle et infinie. »

Ptah est le dieu suprême de Memphis ; ses représentations figurées sont fort diverses : dans son rôle de *Ptah-Patèque* ou *Embryon*, il est coiffé du scarabée, symbole de la transformation, il foule aux pieds, le crocodile qui est l'emblème des ténèbres ; dans son rôle de *Ptah-Sokar-Osiri*,

(1) « Il exauce la prière de l'opprimé, doux de cœur, quand on l'invoque. »

il est représenté sous la forme de momie, parce-qu'il symbolise la force inerte d'Osiris qui va se transformer en soleil levant.

4. *Les Triades.* — Quel est le point de départ de la mytologie Égyptienne? C'est la triade formée de trois parties d'Ammon Ra, savoir : Ammon (le mâle ou le père). Maut (la femelle ou la mère) et Khons (le fils enfant). La manifestation de cette triade sur la terre se résout en Osiris, Isis, Horus ; mais dans cette triade la parité n'est pas complète, puisque Osiris et Isis sont frères. A Calapsché, au contraire, comme nous allons le voir bientôt, nous avons la triade finale c'est-à-dire celle dont trois membres se fondent exactement dans trois membres de la triade initiale.

Horus, en effet, y porte le titre de mari de sa mère et le fils qu'il eu de celle-ci se nomme *Malouli*. C'est, nous dit Champollion (1), le dieu principal de Calapsché, et cinquante bas-reliefs nous donnent sa généalogie. Ainsi la triade finale se formait d'Horus, de sa mère Isis et de leur fils Malouli, personnages qui entrent exactement dans la triade initiale Ammon, sa mère Maut et leur fils Khons.

Chaque nomme ou province avait sa triade, et chaque temple était spécialement consacré à

(1) *Lettres d'Egypte.*

l'une d'elles, quelquefois à deux, comme au grand temple d'Ombos par exemple. Chaque triade résidait dans la moitié d'un temple divisé longitudinalement ; à droite, c'était : Sawek-Ra (la forme primordiale de Saturne) à tête de crocodile, de Hathor (Vénus-Égyptienne) et de Khons-hor ; à gauche étaient : Aroëris, la déesse Enénoufré et leur fils Pnethèvo.

Le temple de Calapsché en Nubie montrait autrefois, au dire de Champollion (1), une nouvelle génération de dieux qui complétait le cercle des formes d'Ammon-Ra, point de départ de toutes les essences divines. Ammon-Ra l'être suprême et primordial est qualifié de mari de sa mère Maut ; « sa portion féminine renfermée en sa propre essence à la fois mâle et femelle (*arsenothelos*). Tous les autres dieux égyptiens ne sont que des *formes* de ces deux principes constituants considérés sous différents rapports pris isolément ; ce ne sont que de pures abstractions du grand Être. Ces formes secondaires, tertiaires, etc., établissent une chaîne ininterrompue qui descend des cieux et se matérialise jusqu'aux incarnations sur la terre et sous forme humaine. La dernière de ces incarnations est Horus, et cet anneau extrême de la chaîne divine forme sous

(1) Ibid, 27 janvier 1829.

le nom d'Horammon, l'*Oméga* des dieux, dont Ammon-Ra, le grand Ammon est l'*Alpha.* »

Nous ne pouvons ici passer longuement en revue tous les mythes de l'Égypte, il y faudrait consacrer un gros volume, mais nous donnerons ci-après les principaux.

Pour mettre quelque ordre dans notre nomenclature, nous les classerons à partir d'ici alphabétiquement.

5. *Aah.* — C'est le dieu *Lunus;* il préside au renouvellement, au rajeunissement, à la renaissance.

6. *Aither.* — Ce terme signifie littéralement *abîme du ciel;* c'est le nom (nous l'avons déjà vu) du fluide primordial, le principe créateur de toutes choses, père de toutes les divinités.

7. *Amen-T.* — Cette déesse n'est qu'une forme de *Maut*, c'est le second membre de la triade thébaine qui comprend Ammon générateur, Amen-t, et Her-ka, ne pas confondre *Amen-t* avec la déesse de l'*Amenti*, la première porte le titre de *celle qui réside à Thèbes.*

8. *Anhour.* — Le nom de ce dieu signifie *celui qui amène le ciel;* c'est une forme du dieu solaire *Shou.* On le représente debout, vêtu d'une longue robe, dans l'attitude d'un homme qui marche; sa coiffure est une perruque surmontée de l'*Uræus* et d'un bouquet de quatre plumes. Il

tient dans sa main une corde, allusion à son rôle de conducteur.

9. *Ank, Anouké.* — Troisième membre de la triade Nubienne : *Noum, Sati, Anouké* ; on représente Ank, avec une figure humaine, coiffée de la couronne blanche et d'un bouquet de plumes.

10. *Anta.* — Déesse guerrière d'importation asiatique comme Bâl, Soutekh, Astarté, Reshep, Bès et Rannou ; on la représente assise coiffée de la mitre blanche, ornée de deux plumes d'autruche ; dans sa main droite elle tient une lance et un bouclier, de la gauche une massue ; c'est on le voit, une sorte de Minerve. Les représentations de cette déesse sont extrêmement rares. Toutefois, les divinités d'importation Asiatique et Africaine, que nous venons de nommer symbolisent la fureur guerrière.

11. *Anubis.* — Son nom égyptien est *Anêpou* ; il est le fils de Nephtys et le dieu principal de plusieurs *nomes* (provinces) de la haute Égypte. Il préside à l'ensevelissement, aussi le représente-t-on souvent penché sur un lit funèbre et entourant la momie de ses bras. Il a la tête de chacal sur un corps humain et porte les titres suivants : *Chef de sa montagne*, c'est-à-dire de la montagne funéraire ; *Maître des ennemis ; Vainqueur des ennemis de son père Osiris*, car il passe pour le fils d'Isis ; *présidant à l'embaumement ;*

enfin, *Guide des chemins*, car en préparant au mort son voyage dans la vie extra-terrestre, *il lui fraye les chemins de l'Amenti.*

12. *Apophis.* — *Apap* en Égyptien est un grand serpent qui personnifie les ténèbres, il symbolise également la sécheresse et la stérilité; c'est en un mot le génie du mal. Le chapitre XXXIX du *Livre des morts*, dont nous parlons plus loin, et dont le titre est: « faire obstacle à Refref » nous raconte la lutte du dieu (du Soleil) contre Apap, ıtte, dans laquelle le soleil levant (Horus) doit combattre dans l'hémisphère inférieur, afin de pouvoir paraître après sa victoire, à l'Orient; le combat avait lieu, dit-on, pendant la septième heure de la nuit.

13. *Astès.* — Dieu dont l'identification est peu connue; il préside *aux chemins des morts*; il en est question dans le *Livre des morts* où il est dit seigneur de l'Amenti (1) grand divin chef des chemins des morts (2). Dans un chapitre (3) le défunt dit: « Je me suis purifié dans l'eau où s'est purifié Astès, lorsqu'il est entré pour rendre hommage à Set, dans l'intérieur de la demeure cachée. » Dans la fin du même chapitre, le défunt dit: « Je pénètre dans la demeure d'Astès. »

14. *Athor*, *Hathor.* — Nom de la déesse qui

(1) Chapitre XVII. — (2) Chapitre XVIII. — (3) Chapitre CXLV.

personnifie l'espace céleste que parcourt le Soleil et dont Horus (*Soleil levant*) symbolise le départ à l'Orient. Ce nom signifie littéralement *demeure du Soleil*; d'où son rôle de mère du Soleil (*d'Horus*) symbolisée par la vache Isis, sous les traits de laquelle, on la représente, allaitant son enfant. On nomme également Athor, *Noub* qui veut dire *Or*, et *déesse de l'or*, à cause des reflets du ciel à l'Occident, au coucher du Soleil (*Atoum*).

15. *Bast.* — Déesse à tête de chatte, une des formes de Sekhet; on la nomme aussi *Beset.*

16. *Bouto, Ouadj.* — Une des formes de Sekhet, qui symbolise le Nord, comme la déesse Nekheb symbolise le Midi.

17. *Harpocrate.* — Horus désigné sous ce nom, est considéré comme le fils d'Isis et d'Osiris et successeur de son père, c'est la traduction grecque du terme égyptien *Har-pa-krat*, qui veut dire, Horus enfant (Soleil levant).

18. *Har-Shewi.* — Ce terme signifie littéralement *le Supérieur de l'ardeur guerrière* et *très-valeureux*; c'est Horus guerrier. Dans son *traité d'Isis et d'Osiris*, Plutarque nomme ce dieu, *Arsaphès*, c'est-à-dire, dont le nom signifie *valeur*.

19. *Horammon.* — Forme d'Harpocrate ou d'Horus enfant (Ammon) qui symbolise la faculté

qu'avait ce dieu de s'engendrer lui-même et de devenir son propre fils.

20. *Horus.* — La mythologie égyptienne comporte plusieurs Horus : Horus enfant ou *Harpocrate*, nous venons de le voir ; Horus l'aîné ou *Haroëris*, celui-ci né de Seb et de Nout (1) et frère d'Osiris ; il se nomme *Ounnowré*, c'est-à-dire *être bon* ; il est alors considéré comme fils et vengeur de son père Osiris.

Mentionnons également : *Hor-sam-to-ui* ou *Hermakhis* qui signifie Horus des deux horizons. (Voy. ci-après § 24, *Khem.*).

21. *Imhotep.* — Dieu de la médecine, fils de Ptah. On le représente assis et tenant sur ses genoux un papyrus déroulé (*volumen*) ; il est coiffé du *serre tête*, vêtu de la robe longue et chaussé de sandales.

22. *Isis* est peut-être le plus grand mythe de l'Égypte, aussi lui consacrons-nous un chapitre spécial. (Voir le chapitre suivant).

23. *Jou-S-aas.* — Déesse fille de Ra et dont le nom signifie littéralement *la Grande qui arrive* ; le rôle de cette déesse est comme son nom même des plus mystérieux ; on ne voit que très rarement des représentations de cette déesse, qui porte la coiffure d'Isis et d'Athor. Nous pensons même que c'est une forme d'Isis.

(1) Cf. Plutarque, *Isis et Osiris*, XII.

24. *Khem.* — Dieu Ithyphallique, qui représente la Divinité dans son double rôle de père et de fils : comme père, il est appelé *Mari de sa mère*, les textes égyptiens emploient même un mot plus réaliste ; comme fils, il est assimilé à Horus. Ce dieu symbolise la force génératrice, principe des naissances et des renaissances, survivant à la mort, mais stationnant un certain temps dans un état d'engourdissement, qu'elle ne parvient à vaincre, que quand le dieu a recouvré l'usage de son bras gauche ; car nous devons ajouter qu'on représente Khem ou *Ammon générateur* debout, le bras droit élevé dans l'attitude du semeur, tandis que le bras gauche est enveloppé comme tout son corps dans des bandelettes, comme une momie ; seul le bras droit est dégagé, tandis que le gauche est censé serré sur le corps par des bandelettes, ce qui explique très bien le passage du chapitre CLVIII, du *Livre des morts*, dans lequel chapitre, le défunt s'écrie :

« *O mon père, ma sœur, ma mère Isis ! Je suis dégagé de mes bandelettes, je vois et il m'est accordé d'étendre le bras,* (*le bras gauche*). *Je vois Seb...* »

D'après quelques archéologues, Khem symboliserait aussi la végétation ; nous ne saurions rien affirmer à ce sujet. Son rôle de générateur, au contraire, est incontestable, car les représentations figurées ne permettent pas de le mettre en doute ; les statuettes le prouvent surabondamment.

25. *Khepra.* — Ce mythe symbolise l'existence, le *devenir*, c'est-à-dire l'apparition à la vie et même la réincarnation.

26. *Khons.* — C'est l'Harpocrate thébain, le troisième membre de la triade thébaine : Ammon, Maut, Khons, nous l'avons vu ci-dessus.

Khons-Thoth joue un rôle lunaire. Il est vénéré sous les noms suivants : *Khons en thébaïde, bon protecteur ; Khons conseiller de la thébaïde, qui chasse les mauvais esprits*, etc.

27. *Ma.* — Déesse, fille du Soleil, qui personnifie le vrai et le juste ; aussi son nom en égyptien s'écrit avec le terme *coudée*.

C'est *Ma* qui introduit le mort dans la salle, où Osiris rend son jugement. On représente cette déesse accroupie, le corps enveloppé dans une robe collante et la tête surmontée du disque solaire ou de l'hiéroglyphe formé par la fronde du palmier qui est homophone de *Ma* (coudée).

28. *Maut.* — Epouse du dieu Ammon ; Maut signifie mère. — Maut, dit M. de Rougé (1), est ordi-

(1) *Notice sommaire des monuments Egyptiens* exposés dans les galeries du Musée du Louvre ; Br. in-8° Paris, 1855.

nairement coiffée du *pschent* ou double diadème; quelquefois un vautour symbole de la maternité, montre sa tête sur le front de la déesse ; les ailes forment sa coiffure. Elle est vêtue d'une longue robe étroite et tient dans sa main le signe *vie*. Les principaux titres de Maut sont ceux de « *Dame du ciel, régente de tous les dieux.* »

29. *Mentou* ou *Mout*. — Dieu solaire adoré à Hermonthis ; c'est le dieu de la guerre, aussi le représente-t-on tenant en main le glaive royal, nommé *Khopesh*.

30. *Mer-Sker*.— Déesse, forme d'Athor, dont le nom signifie : *celle qui aime le silence.*

31. *Nebou-out*. — Déesse qui ne paraît qu'une des formes d'Isis ; elle était adorée principalement à Esneh.

32. *Néphthys*. — Sœur d'Isis, épouse de Set, qui aida sa sœur dans ses Incantations pour ressusciter Osiris ; aussi a-t-elle un rôle funéraire et la surnomme-t-on comme Isis, *la pleureuse*, *la couveuse*.

33. *Noun, knoun*.— Une des formes d'Ammon.

34. *Mout*.— Déesse qui personnifie l'espace céleste, plus particulièrement la *voûte céleste ;* aussi la représente-t-on le corps replié sur les reins touchant la terre de ses pieds et de ses mains.

35. *Osiris*. — Dieu du bien, le frère et l'époux

d'Isis, le divin symbole de toute mort (tout défunt était assimilé à Osiris) ; il est roi de la divine région inférieure.

36. *Pacht* ou *Sekhet.* — Déesse qui paraît symboliser l'ardeur dévorante du soleil et chargée comme telle, du châtiment des âmes dans l'Amenti. Bast, Menhit, Ouadj sont des formes de Sekhet.

37. *Quebou-Qeb.* — Ce dieu paraît avoir les mêmes attributions que le *Chronos* des Grecs, le *Saturne* des Latins.

38. *Seb.* — Personnification de la terre ; on la représente souvent couchée à terre, les membres couverts de feuillages, tandis que le corps de Mout, déesse de la voûte du ciel se courbe au-dessus de Seb.

39. *Sebek.* — Dieu solaire d'origine très ancienne, qu'on assimilait souvent à Horus et qui était dès lors adoré comme tel à Ombos.

40. *Selk.* — Une des formes d'Isis, préposé à la protection des entrailles renfermées dans les vases dits *Canopes ;* on la figure généralement avec un scorpion sur le front.

41. *Set.* — Dieu du mal, le typhon des Grecs et dont le rôle mythique est des plus obscurs.

42. *Shou.* — Fils de Ra, un des noms du Soleil Levant, déification de la lumière du disque solaire. Les représentations de ce dieu, nous le

montrent soulevant la voûte du ciel et la tête surmontée du signe *Peh* (force) ou bien encore de la plume d'autruche, hiéroglyphe de son nom. Ce dieu est représenté agenouillé et les bras en l'air, il est quelquefois avec la déesse *Tewnout*, on les désigne dès lors sous le nom de *couples de lions*.

43. *Soupti* ou *Sept-Hor*. — Une des formes d'Horus adorée sous l'emblème de l'épervier momifié ; il porte alors le titre de *Seigneur de l'Orient*.

44. *Tanen*. — C'est une des formes de Ptah et même d'Athor ; du reste, les noms et rôles de cette déesse sont des plus obscurs. Nous nous demandons même, si les égyptologues n'auraient pas pris à tort pour une déesse ce nom de *Tanen* qui est une région souvent mentionnée dans les textes religieux.

45. *Tewnout*. — Déesse dite *Fille du Soleil*; on la représente avec une tête de lionne, surmontée du disque solaire.

46. *Thouéris*. — Quelques archéologues considèrent cette déesse, comme la compagne de Set ; d'autres l'identifient à Apset, la déesse nourrice, surnommée *la bonne nourrice* ; on la dénomme également *Ta-ouer*, c'est-à-dire la *Grande*.

Thouéris épouse de Set après la défaite de celui-ci fut sauvée du serpent par Aroëris, qui l'épousa dit-on. En somme, c'est un mythe bien obscur.

Nous bornerons à ce qui précède la nomenclature des personnages mythiques de l'Égypte ; ce que nous en avons dit, suffira pour la complète intelligence de ce qui va suivre, et après avoir parlé de la *croix ansée*, nous nous occuperons dans le chapitre suivant d'Isis, la nature primordiale, puis des animaux et des plantes sacrées dans les deux autres chapitres, ce qui terminera le symbolisme de l'antique Égypte.

LA CROIX ANSÉE

Parmi les signes symboliques égyptiens, il en est un dénommé par les archéologues *Croix ansée*, qui a fourni matière à de longues discussions, malheureusement les écrivains n'ont pu donner des conclusions certaines, c'est pourquoi nous avons cru devoir en dire quelques mots à la fin de ce chapitre pour bien démontrer ce que représente effectivement ce symbole.

La *Croix ansée* symbolise la vie, l'homme ; la barre verticale de la croix représente les *forces actives* ou *créatrices*, tandis que la barre horizontale (*les bras de la croix*) représente les *forces passionnelles* ou *destructives* chez l'homme. On voit donc que la croix par sa barre verticale reproduit la valeur du triangle ascendant dans la nature et la barre horizontale, la valeur du triangle descendant.

Voilà ce qu'on sait et ce qu'on dit en général sur ce symbole :

En ce qui concerne l'anneau, cercle ou *anse*, dont est surmonté la croix, qui lui a fait donner le qualificatif de *ansée*, l'explication est moins aisée. Faut-il y voir un simple anneau de suspension, une sorte de *bélière* ou bien un symbole? L'hésitation n'est pas possible c'est évidemment un symbole ; mais lequel?

Et quelle est sa signification ?

M. Papus nous dit (1) que le cercle placé au-dessus de cette croix « répond à la tête de l'homme et il indique la création par lui-même de son immortalité, secret très insigne dévoilé par Wronski (2). »

Nous pensons que Wronski et par suite, ceux qui adoptent son explication se trompent, non sur la signification véritable du *symbole*, mais sur l'objet *symbolisant*. Ce n'est pas un emblème de la tête de l'homme en effet, qu'il faut voir dans la courbe qui figure au sommet de la barre verticale, mais une des parties du *Lingham*, ce n'est jamais un cercle parfait qu'on voit dans les croix

(1) *Revue Théosophique*, n° 1, p. 26, année 1889.

(2) Hœné Wronski, *Messianisme ou réforme absolue et définitive du savoir humain*, 2me vol. Introduction.

construites, d'après la véritable tradition, dans la croix représentée sur les monuments égyptiens quels qu'ils soient (*édifices* ou *manuscrits*). Ce qui nous confirme dans notre supposition, c'est qu'il existe un signe hiéroglyphique le *Ménat* ou contre poids du collier, qui symbolise lui aussi la vie, la génération et qui affecte la forme du *lingham* ou *phallus* horizontal, lequel Ménat porte ce même signe que la *Croix ansée*. Ce qui nous permet de dire que, si l'objet représenté n'est pas l'emblème de la tête, le symbolisme a la même signification, c'est toujours la puissance génératrice, la création, la reproduction et par suite la vie et l'immortalité par la liqueur génératrice sans cesse renouvellée ; ce n'est donc que le déplacement d'un des réservoirs de la matière génératrice ; mais enfin, il y a lieu de bien établir le fait.

Ainsi la croix *ansée* est un terme impropre ; il faudrait dire la croix *lingham*, la croix *ovoïdée*, ou même la croix *phallus*, puisque nous venons de voir que l'organe placé au-dessus de la croix n'est pas une *anse*, mais le même organe qui comme dans le *Ménat* symbolise la vie, les forces génératrices et reproductrices.

Il ne faut pas oublier non plus que le *Ménat* est un des emblèmes particuliers de la déesse Hathor, mère du Soleil levant de *Horus*, le créateur par excellence, et nous savons que le nom hiéroglyphique d'Hathor, signifie littéralement *Habitation d'Horus*. On voit donc encore par là que l'idée de création ne peut pas être plus fortement exprimée.

Ce qui prouverait encore en faveur de l'interprétation que nous venons de donner, s'il nous fallait d'autres preuves, c'est que MM. les abbés qui ont beaucoup écrit sur la croix, ont évité de parler de la *Croix ansée* ; cependant parmi eux se trouvent des érudits ; or, en parlant de la croix en T (*thau*) qu'on désigne aussi sous le nom de *Crux commissa*, *Crux patibulata* (1), ces érudits se contentent la plupart de nous dire, que cette croix sert souvent d'attribut dans l'*Iconographie*, à l'apôtre Philippe ; ils ajoutent qu'à cette forme se rattache une idée mystique, mais sans la définir. — Ils disent aussi, que suivant Tertullien, les chrétiens crurent reconnaître le *Thau* des Hébreux dans le signe qu'Ezéchiel (2) dit de mettre sur le front des hommes qui gémissent, et quand ils observèrent aux mains des dieux de l'Egypte une sorte de clef à anse (3), « laquelle était dans cette contrée le symbole de la vie, ils

(1) Paulin, *Epist.*, : XXIV, 23 ; Lips. et Gretzer, *de cruce* ; Gallonius, *de martyr. Cruciat*, etc., etc.

(2) IX, 4.

(3) C'est la *Croix ansée*.

supposèrent que c'était là un signe prophétique de la Rédemption, conservée par les Egyptiens.»

On voit que les archéologues catholiques, dont nous venons de résumer les opinions en quelques lignes, tournent autour du problème et n'osent l'aborder de front pour ne point parler des signes de la génération. Pour nous laïcs, qui ne sommes pas astreints à la même réserve, nous nous avons dû dire ce que représentait ce symbole.

Ce qui précède a paru dans une *revue* (1) et a soulevé une polémique au cours de laquelle nous avons refuté notre contradicteur (2) mais nous avouons avoir triomphé sans gloire, car nous l'avons vaincu sans péril; nous ne reproduirons, ni l'attaque ni la riposte, ce serait faire perdre inutilement le temps aux lecteurs, mais nous signalerons ici les auteurs qui pensent comme nous, sur ce symbole ; nous trouvons le résumé suivant de la question, dans l'*Egypte pharaonique* (3) :

« Un symbole d'un genre et d'une façon particulière, et sur lequel les sentiments ont été divisés, c'est celui qu'on est convenu d'appeler la

(1) L'Initiation, n° 10, juillet 1889, p. 54 et suiv., 4° année, 2° volume.

(2) Voir Initiation, 5° vol. 2° année, n° 1 oct. 1889 p.57 et suiv.
et notre réponse, 5° vol. 2° année, n° 2. nov. 1889, p. 147 et suiv.

(3) Par J. Henry, Tome 1er, p. 233. Paris Didot, 1846.

Croix ansée, que tiennent ordinairement à la main toutes les divinités du Panthéon égyptien. Véritable croix opérant des miracles suivant certains Pères de l'Eglise, suivis par Saumaise, image du Phallus suivant Lacroze, Jablonski, Visconti, Larcher, Heyne, Montfaucon ; clef du Nil suivant Zoëga et Denon ; nilomètre suivant Pluche, il est considéré comme symbole de la vie par Champollion. »

Ajoutons qu'aujourd'hui tous les Egyptologues sont du même avis que celui-ci.

Par cette courte citation, que nous ne connaissions pas quand nous avons répondu à notre interpellateur, on voit que l'idée que nous défendions était partagée par des érudits éminents ; ceci doit clore toute discussion et faire adopter à la Croix faussement dénommée Ansée, le nom de *Croix ovoïdée.*

CHAPITRE XI

ISIS, LA NATURE PRIMORDIALE

Isis est un des plus grands mythes de l'Egypte, plus grand que RA peut-être, mais en tous cas, antérieur à lui. — D'après Diodore de Sicile (1), Isis signifie *ancienne ;* Zyaus (l'Isis-hindoue) qui veut dire *l'ancien des jours* est symbolisé dans le monosyllabe AUM ; c'est l'esprit-type, le germe immortel, comme Isis est la *Nature primordiale*, la *Matrice universelle.*

Dès les temps préhistoriques, l'Egypte est monothéiste, mais dans cette très haute antiquité, le monothéisme de la *Bonne Déesse*, comme on désigne Isis, ce monothéisme est mitigé par l'accession d'Apophis (en égyptien *Apap*) le hideux serpent, dont Isis dompte la mauvaise influence qu'il s'efforce d'exercer sur les humains pour balancer le pouvoir de la déesse bienfaisante. Cette mauvaise influence est vaincue, mais non sans une vigoureuse résistance, qui témoigne d'un certain pouvoir de l'esprit du mal, cette lutte introduit dans la théodicée Egyptienne, un

(1) Liv. I. § 11.

élément dithéiste, qu'on retrouve toujours plus ou moins voilé dans toutes les religions qui ont paru sur la terre depuis le commencement du monde.

Mais Isis finit toujours par écraser la tête du serpent !

La religion brahmanique hindoue qui est trithéiste (Brahma, Vishnou, Çiva) finit par devenir dithéiste, puisque Brahma et Vishnou unissant leur force créatrice et conservatrice finissent par avoir raison de Çiva qui frappe tout de destruction ; puis leur tâche accomplie, Brahma et Vishnou ne font plus qu'une seule et même personne ; celui-là retournant dans Vishnou qui lui avait donné l'être par l'intermédiaire de la fleur du Lotus sortie de son nombril.

Isis femme et sœur d'Osiris, après la lutte de celui-ci et de Set, parvint à retrouver et réunir les membres de son époux-frère ; par ses incantations, elle rappela Osiris dans son corps, il put donc ressusciter et devenir Horus, c'est-à-dire fils d'Isis.

Dans ce rôle, on la confond avec Hathor et on la représente assise allaitant son enfant. C'est de ce rôle de resurrectrice que dérivent ses fonctions funéraires ; on la voit alors, soit pleurant Osiris, soit au pied du sarcophage de celui-ci, ou bien encore couvrant de ses ailes Osiris, en signe de protection.

Un papyrus du Musée de Berlin publié par M. J. de Horrach (1) n'est qu'une sorte de recueil des incantations récitées par Isis et Nephthys (*les deux couveuses, les deux pleureuses*). Celle-ci aide sa sœur Isis, dans la tâche entreprise de ramener Osiris à la vie.

Isis est aussi le symbole de la terre féconde et l'image du Soleil levant (Horus).

Voici comment Apulée (2) la fait se définir elle-même :

« Je suis la nature mère de toutes choses, la maîtresse des éléments, la source et l'origine des siècles, la souveraine des divinités, la reine des mânes et la première des habitants des cieux. Je représente en moi seule, tous les dieux et toutes les déesses ; je gouverne à mon gré les brillantes voûtes du ciel, les vents salutaires de la mer et le triste silence des Enfers. Je suis la seule divinité qui soit dans l'Univers, que toute la terre révère sous plusieurs formes, avec des cérémonies diverses et sous des noms différents... L'on m'appelle la mère des Dieux. »

(1) *Les Lamentations d'Isis et de Nephthys*, d'après un manuscrit hiératique du musée de Berlin, publié en facsimile avec traduction et analyse. 1 br. in-4, 2 pl. Paris. 1866.

(2) *L. Apuleii Madaurensis Platonici*, METAMORPHOSEOS ; *sive Lusus asini*. T. II. p. 361. — Parisiis, apud J. F. Bastien 1787. Ed. NOVA.

Une inscription du temple de Saïs, nous définit ainsi Isis, c'est la déesse elle-même qui parle : « *Je suis ce qui a été, ce qui est, ce qui sera ; et nul mortel n'a soulevé mon voile.* »

Cette inscription nous a été conservée par Plutarque.

Diodore de Sicile (1) nous apprend qu'on consacrait à Isis une génisse, parce que l'utile fécondité de la vache était considérée comme un des bienfaits de la déesse.

D'après Lucien (2), on suppose que cette déesse présidait aux inondations du Nil, qu'elle inspirait les vents et protégeait les navigateurs. Ce rôle de protectrice des navigateurs a aussi un sens mystique qu'une légende gravée sur un sarcophage du musée du Louvre, nous fait comprendre car elle explique le sens de l'action d'Isis et de sa sœur Nepthys, qui tendent des voiles enflées, symbole de l'haleine vital. Voici la traduction de cette légende : « Je viens à toi, dit Isis, je suis près de toi pour donner l'haleine à tes narines, pour que tu respires les souffles, sortis du dieu Ammon, pour réjouir ta poitrine, pour que tu sois déifié ; que tes ennemis soient sous tes sandales et que tu sois justifié dans la demeure céleste. »

(1) *Liv.* I.
(2) *Dialog. Deor*, III, II.

Les représentations d'Isis sont très fréquentes; elles sont peintes ou sculptées sur les monuments, ou bien ce sont des statuettes et des figurines faites en matières très diverses. Isis est souvent représentée debout, mais plus souvent assise sur un trône allaitant le jeune Horus; elle est coiffée d'un petit trône qui est le signe hiéroglyphique de son nom et qui sert à écrire aussi le mot *demeure*, ce qui explique qu'Isis dans son rôle de mère se confond avec Hathor, qui signifie *habitation d'Horus*.

La coiffure symbolique de la déesse est un disque avec deux cornes de vache, ce qui a fait supposer à tort à quelques auteurs, qu'Isis était une déification de Diane, de la Lune, parce qu'ils ont pris le disque solaire pour le disque lunaire.

Quand la déesse est représentée seule, elle est souvent debout, les bras pendants ou ailés; elle étend parfois ses ailes pour couvrir la momie d'Osiris, au moment de l'opération mystique, qui doit lui donner la vie. D'autres représentations nous montrent Isis portant les mains à son front, en signe de deuil, au moment où elle prononce les formules d'incantations qui doivent rendre la vie à Osiris.

Le culte d'Isis avait un caractère de pureté et de chasteté, qui exerça toujours une grande influence sur la moralité des femmes égyptiennes, influence bienfaisante qui s'étendit même, bien au-delà de l'Egypte. Les fêtes ou *Mystères d'Isis* étaient célébrés au solstice d'hiver et avaient un caractère funèbre pour rappeler la mort d'Osiris; ils étaient célébrés dans toute l'Egypte (1), mais c'est principalement à Busiris que ces mystères avaient le plus d'éclat et de solennité.

Nous venons de dire que le culte d'Isis étendit son influence bien au-delà de l'Egypte; en effet, il se répandit en Grèce, à Rome et jusque dans la Gaule, mais une fois hors de l'Egypte, il ne tarda pas à dégénérer et à perdre son caractère de grandeur et de simplicité originelles.

Le culte primitif considérait Isis, nous l'avons vu, comme la grande *Nature primordiale*, emblème de l'esprit actif ayant écrasé le serpent *Apap* ou *Apophis*, emblème de la matière passive. Dans les pays étrangers, Isis fut tour à tour la personnification de toutes les déesses : Cérès, Cybèle, Astarté, comme du reste, elle le dit elle-même (2) : « Les Athéniens originaires de leur propre pays me nomment Minerve Cécropienne. Chez les habitants de l'île de Chypre mon nom est Vénus Paphos. Chez les Candiotes, habiles à tirer de l'arc, Diane Dictinne. Chez les Siciliens, qui

(1) Hérodote II, LIX.

(2) APULÉE. *Métamorph. II*, L. XI, p. 363. Edition de François Bastien 1787.

parlent trois langues, Proserpine Stigienne. Dans la ville d'Eleusis, on m'appelle l'ancienne déesse Cérès, d'autres me nomment Junon, d'autres Bellone, d'autres Hécate, d'autres Némésis Rhamnusienne ; et les Ethiopiens, que le soleil à son lever éclaire de ses premiers rayons, les peuples de l'Ariane, aussi bien que les Egyptiens qui sont les premiers savants du monde, m'appellent par mon véritable nom, Isis et m'honorent avec les cérémonies qui sont les plus convenables. »

Ces lignes expliquent fort bien pourquoi dans les inscriptions grecques et latines, la déesse reçut les surnoms qu'on donnait aux divinités avec lesquelles, elle était confondue. De tous ces surnoms, nous n'en retiendrons qu'un seul, celui de *Mater Salutaris*, c'est-à-dire Mère qui donne la santé et qui fait allusion au caractère médical, qu'Isis avait en Egypte, de même que Sérapis (1) aussi consultait-on la déesse pour la guérison des maladies. Les malades se rendaient dans ses

(1) Nous ne voulons pas discuter sur l'origine du dieu Sérapis ; son culte est-il ancien, est-il moderne ? Tacite en parle, Hérodote n'en parle pas, etc., etc. Notre opinion est que Sérapis est un dieu très ancien et sans insister davantage sur ce sujet, nous dirons que ce dieu était surtout célèbre par la puissance qu'on lui supposait de guérir les maladies. Tacite nous apprend que c'est par sa vertu, que Vespasien guérissait les écrouelles. Nous savons que le culte de Sérapis-Soter (le sauveur) avait une grande extension et que l'Egypte comptait au second siècle de notre ère quarante-trois temples (*Sérapées*) de ce Dieu.

sanctuaires pour y passer une nuit et dormir ; la déesse se montrait en songe aux malades et leur indiquait les remèdes qu'ils devaient employer pour guérir, c'est ce qui se passe encore de nos jours, seulement au lieu du nom d'Isis, le sanctuaire porte celui de Lourdes ou de la Salette.

On voit que si les noms changent, les superstitions restent !

En somme, la Théodicée Isiaque est la mère, la génératrice de bien de religions modernes, l'Isianisme n'a du reste, succombé que sous l'hypocrisie et l'immoralité de ses prêtres qui se sont successivement nommés : Cabires, Curètes, Corybantes, Bacchants, Dactyles, Galles, Métragyrtes, Druides, etc.

L'Isianisme ne s'est définitivement éteint que vers la fin du VIe siècle de l'ère vulgaire. Rome avait élevé de nombreux temples à la déesse ; Pompeï montrent encore les débris d'un temple Isiaque, ruiné par la terrible éruption du 29 août de l'an 79.

Nous ne saurions terminer ce chapitre sans ajouter que la ville de Paris montre dans ses armes la *Bari* ou barque sacrée d'Isis, adorée par les *Parisii,* nom dérivé par syncope de Bari-Isis, le vaisseau symbolique de la bonne Déesse. (1)

(1) Cf. D. Ricord note A, 12 de la traduction d'Isis et d'Osiris attribuée à Plutarque.

Qu'étaient les *Parisii?* Une peuplade celtique venue des confins de la Belgique, leur ville principale, était primitivement dénommée *Lutetia Parisiiorum;* la cité marécageuse des adorateurs de la *Bari* ou Barque sacrée d'Isis. Les *Parisii* étaient probablement un rameau nomade de ces Suèves, dont nous parle Tacite et qui adoraient Isis, sous la forme symbolique d'un vaisseau : « Une partie des Suèves, dit cet auteur (1), sacrifie à Isis. Quelle est la cause et l'origine de ce culte étranger. Je n'ai pu le savoir si ce n'est que l'image même de la déesse, figurée par un vaisseau, semble une religion apportée par mer. Du reste, ne point tenir les dieux enfermés dans les murs et ne leur prêter aucun des traits de l'homme, leur paraît plus conforme à la grandeur des divinités. »

Ce vaisseau, nous le savons, était la *Bari sacrée* des dieux Egyptiens, mais plus particulièrement la Barque sacrée d'Isis qui flotte et ne peut être submergée, (*fluctuat nec mergitur*) des *Armes* de la ville de Paris.

Clovis fondateur de l'Eglise Sainte Geneviève (2) bâtie probablement sur les ruines d'un

(1) Mœurs des Germains § IX. « *Nisi signum ipsum in modum liburnæ figuratum docet advectam religionem.* »

(2) Icelui Clovis, monarque des Gaules et Clotilde sa femme (que nous nommons sainte Clote) à la requeste de Ste Geneviève alors vivante, édifièrent hors les murs

temple d'Isis donna à cette église une portion des biens des prêtres d'Isis ou du territoire situé entre le *Mons Leucotius* (montagne Ste-Geneviève) et le village d'Issy, altération visible du nom d'Isis par répétition d'un S. Le reste du territoire fut donné par Childebert à l'abbaye qui porte aujourd'hui le nom de Saint-Germain-des-Prés. En 1514, on voyait dans l'église de cette abbaye, la figure de la déesse Isis, mais le cardinal Briçonnet la brisa parce que le peuple l'adorait encore (1).

L'arche sacrée d'Isis donna l'idée aux Hébreux de transporter leur Jéhova dans une arche, lors de leur sortie d'Egypte et le Dieu d'Israël, d'Isaac et de Jacob, n'eût pas d'autre temple jusqu'au jour où l'affermissement des Hébreux en Palestine, leur permit d'en ériger un à Jérusalem. Ils firent donc en cela, comme les émigrants Aryas qui colonisèrent l'Egypte 6,000 ans avant l'ère vulgaire ; ils avaient transportés par mer dans une *Bari* la bonne déesse Isis, jusqu'au delta du Nil, où ils lui érigèrent le célèbre temple de Saïs.

(de Paris) au mont de Paris, une église à l'honneur des apôtres St-Pierre et St-Paul en l'an quatre-cent quatre-vingt-dix-neuf, laquelle église est aujourd'hui nommée Ste-Geneviève, au mont de Paris, parce que la dite sainte y fut enterrée l'an cinq cents quatorze, (aujourd'hui St-Etienne du Mont). *Les antiquités de Paris*, par Gilles Corrozet, p. 11 verso, ch. III. 1 vol. in-12 1586.

(1) Cf. DUBREUIL, *Antiquités de Paris*.

CHAPITRE XII

LES ANIMAUX SACRÉS

Les Egyptiens éprouvaient pour Dieu, un si profond respect que non-seulement, ils ne l'adoraient, comme nous venons de le voir, que par l'intermédiaire des divinités secondaires symbolisant le *Dieu Unique*, mais encore ils n'imploraient ces divinités mêmes, que par l'intermédiaire des animaux sacrés ; ceux-ci seuls recevaient les adorations directes.

Les prêtres ne furent pas sans doute étrangers à cette substitution, parce qu'ils savaient fort bien que le peuple a toujours mieux compris un culte morphique. Cependant le peuple égyptien savait certainement que, quand il se prosternait devant une lionne, un cynocéphale, un cheval, un bélier, une chatte ou devant d'autres animaux, ce peuple savait fort bien qu'il adorait en réalité Sekhet, Thoth, Anubis, Noum, Bast, etc., c'est-à-dire encore des représentations de la divinité, du *Dieu Unique*.

Il est résulté de cet état de choses, que peut-être le peuple a pu se livrer à des pratiques superstitieuses à l'égard des animaux sacrés, pratiques qui furent sans doute largement exploitées par la caste sacerdotale; mais jamais les classes instruites, les classes élevées (sauf à une époque de complète décadence) jamais ces classes n'ont adoré les animaux, pas plus qu'elles ont jamais pu supposer qu'un jour, après leur mort leur âme pourrait transmigrer dans le corps d'un animal. Les prêtres égyptiens, dans un but facile à comprendre, pouvaient bien laisser supposer au peuple que l'homme ayant mal agi pendant sa vie, pourrait après sa mort habiter le corps d'un animal quelconque; mais cela ne prouve rien en faveur de cette croyance, et le bon prêtre pouvait le dire mais n'y croyait certainement pas.

Par l'étude approfondie que nous avons faite de la religion égyptienne, nous pouvons affirmer qu'on ne peut admettre un seul instant que ce peuple, dont les anciens peuples sont unanimes à louer, à vanter même la haute sagesse, ait jamais pu adorer les animaux, c'est une fable qui n'a pas le sens commun.

Ainsi les Grecs, qui dans l'Antiquité représentent la civilisation avancée, ces Grecs s'efforçaient d'imiter, de copier les égyptiens; ils s'ingéniaient surtout à comprendre leur philosophie. Ajoutons qu'ils n'y sont jamais parvenus, parce qu'il leur manquait une clef, celle de l'*Initiation*, de la *Grande Initiation*.

Quelques Grecs croyaient la posséder, en partie du moins ; ils se trompaient, ils avaient tout au plus reçu la gnose de la petite Initiation ; c'est-à-dire qu'ils connaissaient fort peu la science Occulte des Egyptiens. — Platon était un de ces *petits Initiés*, et malgré ce peu de connaissance qu'il possédait au sujet des mystères, il avait une si haute opinion de la sagesse Egyptienne et de son antique origine que dans son *Timée*, il prête ces paroles au vieux prêtre de Saïs :

« O Solon Solon, vous autres Grecs, estes tousiours enfans : il n'y a aucun en Grèce qui soit viel. »

Comment l'entendez-vous, dit-il ?

« D'autant respondit le vieux prestre, que vous êtes tous jeunes d'entendement, sans avoir aucune vieille opinion prinse de l'antiquité, ni science chenue. » (1)

Que faut-il entendre par ce terme de science chenue, c'est-à-dire de science blanche, de vieillesse, si ce n'est l'ancienne science, la science Occulte ?

Un archéologue moderne, très versé dans les

(1) Le Timée de Platon, page 14. Ed. de Paris. Imp. de Michel Vascosan M. D. LI. — C'est la 1re édition de cette traduction, la 2me est de 1581.

choses de l'antiquité exprime dans un fort beau livre (1) une pensée qui mérite de fixer l'attention : « On connaît, dit M. Bunsen, l'attrait que l'étude de la sagesse et des antiquités des Egyptiens exerçait sur les plus grands esprits des anciens Grecs, et comment, depuis Hérodote, ils cherchèrent toujours à pénétrer sous les formes bizarres des Dieux et le culte des animaux jusqu'à ces fêtes et ces cérémonies dans lesquelles un sens plus profond et plus intime se révélait à leur esprit. De l'Egypte leur venait déjà le sphinx, dont la figure humaine expressive et méditative les poussait à analyser le mystère de la vie. »

Ces deux citations, l'une ancienne, l'autre toute moderne, contemporaine même, montrent bien l'estime que les Grecs professaient pour la sagesse antique égyptienne et peuvent également témoigner que jamais, au grand jamais, l'Egypte n'a pu adorer des animaux ou des fétiches quelconques.

Nous pensons que, si les artistes égyptiens ont affublé leurs divinités de têtes d'animaux consacrés, c'était pour différencier d'une manière indubitable, sans hésitation possible, les très nombreuses représentations du Dieu Unique.

Ces têtes d'animaux de même que la diversité

(1) *La place de l'Egypte dans l'histoire*, vol. 1. pag. 92.

des coiffures, ne sont autre chose que des symboles qui facilitent l'écriture des hiéroglyphes.

Dans une statue grandeur naturelle, l'artiste peut exprimer sur la figure de son personnage la bonté, la douceur, la méchanceté ou la violence, en un mot, un sentiment humain quelconque; mais dans un tout petit signe hiéroglyphique, l'artiste et l'écrivain ne pouvaient caractériser leur personnage que par un signe conventionnel : de là, les personnages humains à tête d'animaux. Nous sommes très surpris qu'aucun égyptologue n'ait jamais dit jusqu'ici, ce que nous venons d'écrire.

Après cette digression utile, passons en revue quelques animaux sacrés en indiquant le caractère divin qu'ils symbolisent.

La Lionne symbolise *Sekhet ;* le Chacal, *Anubis ;* l'Hippopotame,*Taouer ;* le Chat et la Chatte, *Bast ;* le Bennou (vanneau), *Osiris ;* le Scorpion, *Selk ;* le Scarabée, *Kephra ;* l'Urœus (hajé) était à la fois un symbole divin et royal ; le Vautour était l'emblème de *Maut* et de la *Maternité*.

Le Cynocéphale, sorte de singe était consacré à *Thoth-Lunus,* parce que cet animal,nourri dans les temples avait les yeux voilés pendant la conjonction du soleil et de la lune. On voit le cynocéphale accroupi sur le fléau de la balance pendant le jugement ou la pesée de l'âme (*Psychos-*

tasie ; Livre des morts, chapitre CXXV.)Le cynocéphale paraît symboliser également *l'équilibre ;* cet animal était consacré à l'adoration du Soleil levant.

Thoth était encore symbolisé par l'Ibis, parce que cet oiseau marche avec mesure et gravité et que son pas était un étalon métrique.

Le Bélier symbolisait Ammon-Ra, le grand dieu de l'Egypte, parce que sa principale force réside dans sa tête et parce qu'il marche en tête du troupeau et le conduit, enfin parce qu'il représente l'ardeur génératrice.

L'Épervier, l'oiseau d'Horus, symbolise la renaissance de la Divinité, sous la forme du Soleil levant : c'est pour cela que Ra est représenté avec une tête d'épervier coiffé du disque. Les Pharaons étant des Horus, leur bannière est surmontée de l'épervier ; quand cet oiseau porte une tête humaine, il est l'hiéroglyphe de l'âme. Il symbolise aussi le Soleil parce qu'il peut comme l'aigle fixer son regard sur cet astre.

Le Phénix (sorte de Bennou) symbolisait l'Astrologie, la science sacrée. Voici ce que nous dit Hérodote (1) au sujet de cet oiseau merveilleux : « Il existe un autre oiseau sacré,mais dont je n'ai vu que la peinture ; on le nomme *Phénix.*

(1) I, II, 73.

Il ne paraît que fort rarement en Egypte : tous les cent cinq ans, suivant le dire des habitants d'Héliopolis, et on ne le voit que lorsque son père vient à mourir. Si la peinture que j'ai vue est fidèle, voilà comment il serait : ses plumes seraient rouge et or, sa taille et sa forme approchent de celles de l'aigle. Du reste, on raconte de lui des choses qui me paraissent tout à fait incroyables. On dit que cet oiseau partant de l'Arabie, transporte le corps de son père enduit de myrrhe dans le temple du Soleil pour l'enterrer, etc., etc. Car Hérodote poursuivant son récit nous raconte en effet, des choses *incroyables* pour nous servir de son expression. Il n'est pas hors de propos de dire ici, une fois pour toutes, que ce que rapporte Hérodote sur les Egyptiens est empreint d'une grande exagération. Nous supposons même, que les prêtres de l'Egypte se sont moqués de l'historien et lui ont fourni à dessein de nombreux renseignements, tout à fait erronés. Nous allons en donner une preuve en mentionnant ce que nous apprend l'écrivain grec sur les *serpents ailés* (1) : « Du côté de l'Arabie, en face de la ville de Buto est un lieu, où je me suis rendu moi-même pour prendre des renseignements sur les serpents

(2) I, II, 74.

ailés. Lorsque j'y suis arrivé, on me fit voir une quantité d'os et d'arêtes de serpents si considérable qu'il est impossible d'en donner une idée ; elle formait des amas les uns plus ou moins grands, les autres très petits, mais le nombre en était immense. Le lieu où ces débris étaient répandus se trouve au débouché d'un défilé étroit des montagnes, dans une vaste plaine contiguë aux champs de l'Egypte. On assure qu'au commencement du printemps un grand nombre de ces serpents ailés volent de l'Arabie sur l'Egypte mais que les Ibis allant au-devant d'eux à la sortie du défilé, ne les laissent pas passer et les détruisent complètement. Les arabes prétendent que c'est en reconnaissance de ce service que les Egyptiens ont l'Ibis en si grand honneur, et les Egyptiens conviennent avec eux, que c'est là réellement le motif de leur grande vénération pour cet oiseau. »

Il est probable que c'était des dépôts, de restes de serpents employés comme engrais pour l'agriculture ; dans tous les cas il est fâcheux, que Hérodote ne nous apprenne rien au sujet des ailes de ces fameux serpents ; par exemple, comment la structure des ailes était attachée au corps.

En dehors des animaux sacrés, les Egyptiens utilisaient les figures d'animaux pour symboliser les vices : ainsi le bouc était l'emblème de la luxure, le crocodile de la voracité, la tortue de la paresse, etc., etc.

De ce symbolisme animal naquit la vénération que les Egyptiens avaient pour les animaux en général ; et quand ceux-ci avaient longtemps figuré dans les temples ou sur l'autel même, où ils avaient reçu l'adoration au lieu et place de la divinité, qu'ils représentaient, quand ces animaux venaient à mourir, on les embaumait et leurs momies étaient placées par reconnaissance dans les sanctuaires vénérés, dans des chambres sépulcrales construites exprès pour les recevoir.

Ainsi les Apis, qui symbolisaient Osiris étaient l'objet de la plus grande vénération, à leur mort ils étaient enterrés en grande pompe ; le Sérapeum de Memphis renfermait dans ses souterrains soixante-quatre Apis.

CHAPITRE XIII

LES VÉGÉTAUX SACRÉS

L'arboriculture et la flore égyptiennes ne comportent pas un grand nombre de végétaux ; cela se conçoit sans peine. En effet, un pays sorti pour ainsi dire du sein des eaux,et régulièrement envahi par elles, ne peut pas fournir une grande variété de végétaux terrestres ; au contraire les plantes aquatiques y pullulent et poussent avec un luxe de végétation tout à fait extraordinaire.

Nous n'avons à nous occuper ici que des végétaux sacrés, soit terrestres, soit aquatiques.

Au premier rang des premiers, figure le *Persea*. Cet arbre que quelques archéologues ont confondu avec le pêcher, le saule et même le sycomore était consacré à Isis la bonne déesse. Les Egyptiens considéraient cet arbre, comme tout à fait sacré ; Plutarque le dit formellement : « parmi les plantes égyptiennes, le Persea d'Isis doit être principalement sanctifié, car son fruit ressemble au cœur et sa feuille à la langue. »

Cet arbre était d'origine éthiopienne, il fut transplanté en Egypte à une époque très reculée, aujourd'hui il en a disparu. Ce serait ce que Moïse qualifie dans sa Cosmogonie d'*arbre de vie*, *arbre de la science du bien et du mal*, l'arbre en un mot planté dans l'Eden et qu'on retrouve hiéroglyphiquement sous ce même nom d'*arbre de vie* dans un tableau du Rhamesseum de Thèbes (1). — On en trouve également de nombreuses représentations chez les Assyriens et les Babyloniens. Chez les Egyptiens, le Persea figure sur les monuments dès la XIIe dynastie, ce qui prouve que ce n'est pas Cambyse qui aurait introduit le premier cet arbre en Egypte, comme le prétend Diodore.

Les Egyptiens ont comparé les personnalités dans lesquelles s'incarne l'essence primordiale, à cet arbre dont le tronc prend racine en terre, s'élève vers le divin Soleil et produit rameaux et fruits. Cette allusion tendrait à prouver que les Egyptiens croyaient à la réincarnation et expliquerait ainsi un autre motif pour lequel, ils prenaient tant de soins du corps du défunt, autour duquel, le périsprit du défunt se tient constamment, car, le corps une fois entièrement dissous, le périsprit peut s'éloigner et l'âme se réincarner.

Le persea est aussi désigné dans les manuscrits sous le nom de *Sahu*, de l'arbre *Aschat* et de vert

(1) Cf. Caillaud, *Voy. à Méroé*, Tome III, p. 22 et 28, cet arbre porte le nom de Baobab d'après quelques-uns ?

sycomore. — On croit que le *persea* est le *Laurus persea* de Linnée ou *Persea gratissima*, l'avocatier, le laurier des avocats de la famille des Laurinées. Cet arbre a douze ou quinze mètres de hauteur; sa forme est pyramidale, ses feuilles persistantes, oblongues, glauques au-dessous; ses fleurs sont jaunâtres en groupes axilliaires; le fruit vert ou violet affecte la forme d'une poire. Cet arbre pousse en Provence en pleine terre, ainsi qu'en Algérie.

Quelques botanistes, Delille entre autres, l'assimilent au *Banalites Ægyptiaca*. Pline (1) nous parle du Persea : « L'Egypte, dit-il, a encore un arbre particulier, le *Persea* semblable au poirier et conservant ses feuilles... Le fruit plus long qu'une poire est dans une coquille et une peau verte le recouvre comme le fruit de l'amandier; mais l'intérieur au lieu d'être une amande est une prune, seulement petite et molle. Ce fruit quoiqu'excellent par son exquise douceur, n'incommode pas. »

Dans un autre passage du même auteur (2) il a l'air de le confondre avec le prunier, voici son récit : « C'est du persea que les auteurs ont dit cela, arbre absolument différent, dont le fruit est semblable aux sébestes qui rougissent et qui ne

(1) *Hist. naturelle*, Livre XIII, ch. XVII.
(2) *Hist. naturelle*, Chap. XIII, liv. XV.

croît pas en dehors de l'Orient... Le persea a toujours des feuilles et des fruits qui naissent au fur et à mesure. Quoiqu'il en soit, il est manifeste que les prunes n'ont commencé à se répandre qu'après Caton. »

Les chapitres XVII et CXXV du *Livre des morts*, mentionnent une localité mystique dénommée : *Bassin du Persea.* — On voit assez souvent Thoth, Sawekh et autres dieux promettre l'immortalité aux rois en inscrivant leur nom sur l'écorce du persea ou sur le fruit de cet arbre.

Sawekh, dénommée aussi Safek est la déesse de l'architecture et des livres, c'est-à-dire la protectrice des bibliothèques ; elle était adorée à Memphis dès la IVe dynastie. C'était également la déesse du Septénaire, comme nous l'apprend le *Livre des morts* (1) ; c'est elle qui construit à *l'homme sa demeure* : *septuple* est donc sa maison et de même que celle-ci forme un tout, de même le septénaire de l'homme ; celui-ci est mortel par son corps et immortel par son essence divine (*paou nuturu*) ; nous l'avons déjà vu en parlant des livres d'Hermès-Trismégiste.

Après le Persea, nous voyons figurer parmi les arbres sacrés divers acacias, dont le nom hiéroglyphique est *Shen.* Le bois de l'acacia était uti-

(1) *Ch.* LVII.

lisé comme bois de charpente et son écorce comme tannin pour le tannage des peaux. C'était surtout une variété d'acacia à écorce rouge et non l'acacia commun, faux robinier. Les Egyptiens extrayaient de ce même acacia une gomme ; ils cultivaient l'acacia *nilotica*, le *lebeck* et le *fistula*, ces deux derniers originaires de l'Inde.

Parmi les plantes, la plus sacrée était le lotus ou Nelumbo (*nelumbium speciosum*) ; il en existe de trois couleurs ; l'un à fleur blanche, un autre à fleur bleue et le troisième à fleur rose. Nous avons longtemps cultivé dans notre jardin du Val-des-Roses à Nice, ces deux dernières variétés. Celui à fleurs roses a une odeur *sui generis* des plus caractéristiques et des plus suaves ; c'est un mélange de fleurs d'oranger, de vanille et d'amande amère ; la graine noire affecte la forme d'une petite olive.

Le papyrus ou Souchet était aussi une plante sacrée ; on en faisait un grand usage pour les manuscrits, elle remplaçait le papier comme nous avons vu (Chapitre V). — Mentionnons enfin le byssus qui servait à fabriquer le linge de corps et des vêtements.

Divers monuments authentiques, entre autres l'inscription de Rosette, prouvent que les temples fournissaient au fisc royal des toiles de byssus. Or, à l'occasion du couronnement de Ptolémée

Epiphane, ce prince fit remise aux Temples, non-seulement des toiles dont la fourniture était en retard depuis huit années, mais encore des indemnités que le fisc royal était en droit de réclamer pour une partie de ces toiles qui se trouvaient de qualité inférieure à l'échantillon-type convenu. Ceci prouve donc, que les temples possédaient des manufactures de ces toiles, dont la consommation était considérable chez la caste sacerdotale. Au dire d'Hérodote c'est avec des bandelettes de byssus qu'on enveloppait les membres de la momie ; nous pouvons justifier de la vérité de cette affirmation.

Qu'était ce byssus ?

D'après les uns, c'était une espèce de lin plus blanc que le lin ordinaire ; d'après les autres, c'était une espèce de laine et même de coton. — Nous savons aujourd'hui, que le byssus était originaire de l'Inde, que ce n'était ni du lin ni de la laine, mais une sorte de coton jaune dont l'étoffe de nos jours appelée *Nankin des Indes* peut donner une idée fort juste, c'est celui-ci qui servait à confectionner les bandes employées pour empaqueter les momies ; mais il y avait aussi un byssus blanc qui servait à fabriquer les beaux vêtements et qui ressemblait à notre batiste de fil.

« La partie arabique de l'Egypte, dit Pline, engendre des arbres qui portent une laine que les uns appellent *gossypium* et les autres *Xylon.* » Ce n'était pas un arbre, mais une plante bisannuelle, une sorte de cotonnier (*gossypium*). De son côté Hérodote, nous apprend que dans l'Inde il y avait un arbre sauvage qui avait pour fruit une sorte de laine supérieure par sa beauté et ses qualités à celle que fournit la toison du mouton, et c'est avec cette laine que les Hindous fabriquent leurs vêtements.

Cette fabrication du byssus remonte à une haute antiquité, puisque nous voyons que le Pharaon, très satisfait des sages avis de Joseph, lui donna en témoignage de sa gratitude, le gouvernement de l'Egypte, un anneau royal, et le fit revêtir d'une tunique de fin byssus. Mais certainement la fabrication de cette toile a une origine beaucoup plus ancienne, elle remonterait à l'époque où par l'intermédiaire des Phéniciens, les Egyptiens firent du commerce avec l'Asie.

Il y a lieu d'ajouter qu'il ne faut pas confondre ce byssus avec celui provenant d'une sorte de mousse, de duvet qui recouvre la pinne marine et quelques espèces de moules, avec lequel on fabrique encore aujourd'hui à Tarente, par exemple, des étoffes très fines et très recherchées.

En dehors des végétaux sacrés, dont nous venons de parler, les Egyptiens cultivaient des palmiers, des mimosas, des grenadiers, le tamarin, le sycomore. Les lits des prêtres étaient faits avec du bois de palmier.

On désigne dans bien des manuscrits, l'Egypte sous le nom de *pays des sycomores*.

C'est placé dans les branches d'un de ces arbres que *Mout* verse à l'âme du défunt le breuvage de l'immortalité (*l'Amrita* de la Mythologie hindoue).

Dans des inscriptions de Deïr-el-bahari, on nomme le sycomore, *arbre à encens*.

CHAPITRE XIV

LA CASTE SACERDOTALE. — LES PRÊTRES

Après la religion, les mythes et les symboles, nous nous occuperons de la classe sacerdotale.

De même que tous les autres citoyens, les prêtres étaient circoncis ; ils devaient en outre, se raser la tête et la barbe et s'épiler le corps, au moins tous les trois jours ; c'était là une obligation stricte. Il entrait dans cette prescription une idée de propreté et de pureté corporelles nécessitées par le commerce des prêtres et des choses sacrées. Ceux-ci devaient être exempts de toute difformité corporelle ; ils ne devaient revêtir que des costumes de lin, l'usage de la laine leur était formellement interdit, parceque la laine, le poil et le crin, provenant d'un animal, ont une origine impure, contrairement au lin qui naît de la terre immortelle.

La démarche, les paroles et la physionomie habituelle des prêtres avaient quelque chose de grave et d'imposant, que complétait le bel aspect de vêtements blancs d'une grande finesse de tissu, ainsi que le repos forcé des bras et des mains cachés sous d'amples vêtements. Le *schenti* sorte de pagne fixée sur les hanches au moyen d'une ceinture, était leur habillement habituel ; c'était une courte tunique et le vêtement de l'intérieur de la maison. Quand le prêtre sortait de sa demeure, il passait par dessus le schenti, la *calasiris*, vêtement de même forme, mais beaucoup plus long et beaucoup plus ample. Les prêtres d'Osiris jetaient sur leur tunique de lin une peau de panthère, insigne de leur rang. D'autres prêtres se distinguaient par des ornements divers ; des pectoraux en forme de petits *naos* ou édicule, qui renfermaient des scarabées sacrés ; par des *bari* (barques) symboliques, par des emblèmes de la vie, de la stabilité, par des figures d'animaux sacrés. Les prêtres portaient en outre à leurs doigts des bagues d'une grande richesse et valeur ; et de superbes colliers à leur cou. Ils avaient pour chaussures des *tatebs*, c'est-à-dire des sandales affectant la forme de la plante des pieds ; elles étaient en palmier ou en papyrus, terminées en longues pointes recourbées, qui se rabattaient sur le cou-de-pied.

La classe sacerdotale était la partie la plus instruite de la nation, parcequ'elle était plus spécialement vouée que les autres classes de la société à l'étude des arts et des sciences. Les prêtres professaient la médecine et la chirurgie, mais chaque médecin devait s'adonner à l'étude d'un genre de maladie seulement, afin de le mieux connaître et pouvoir ainsi guérir; les médecins étaient donc des spécialistes.

La classe sacerdotale était chargée, non-seulement des cérémonies et de l'administration de la justice, mais encore de l'établissement des impôts, de leur recette et de toutes les autres branches de l'administration civile.

Au début de la civilisation égyptienne, la classe sacerdotale était absolument souveraine du gouvernement de l'État; mais une révolution de la classe militaire l'obligea de céder au roi la première place. Elle conserva toutefois une très grande influence, parceque celle-ci était fondée sur d'immenses richesses consistant en vastes possessions territoriales; elle était fondée aussi sur d'énormes privilèges : par exemple les prêtres ne payaient aucun impôt pour leurs vastes domaines, et ils recevaient en outre des particuliers, des produits de toute nature : taxe en blé, taxe en métaux, taxe en vin, en fourrages, etc., etc.; enfin, ils encaissaient des revenus sur les morts, des droits de gîte sur les momies déposées dans les catacombes publiques, etc., etc.

Diodore de Sicile rapporte sur les prêtres ce qui suit : « Ils exercent les enfants dans l'étude de l'arithmétique et de la géométrie, car les inondations du Nil détruisent chaque année les limites des terres ; des contestations s'élèvent alors, entre les propriétaires et ce n'est qu'à l'aide de la géométrie, qu'on peut vider ces différents très fréquents.

« L'arithmétique sert aussi pour les usages sociaux et pour les spéculations de la géométrie. Elle est surtout utile à ceux qui cultivent l'*astrologie*, car les Égyptiens comme d'autres peuples observent les lois et les mouvements des astres et conservent une série d'observations qui remonte à un nombre incroyable d'années, cette étude était cultivée chez eux dès l'antiquité la plus reculée. Ils ont aussi soigneusement décrit les mouvements, la marche et la station des planètes, l'influence bonne et mauvaise de chacune d'elles sur la naissance des êtres, et ils en tirent souvent des prédictions sur les évènements de la vie des hommes. »

De son côté, Porphyre, nous apprend que les prêtres égyptiens employaient les nuits, une partie à faire des ablutions et une autre à observer les astres.

Strabon, nous dit avoir vu à Héliopolis, un vaste édifice qui était l'habitation des prêtres adonnés spécialement à l'étude de l'astronomie et de la philosophie ; et Diodore ajoute que les prêtres égyptiens prédisaient l'avenir, tant par la science des choses sacrées, que par celle des astres.

Une même personne pouvait remplir plusieurs fonctions sacerdotales ; les serviteurs des prêtres n'étaient pas prêtres, mais ils participaient à tous leurs privilèges.

Voici qu'elle était à peu près la hiérarchie dans la caste sacerdotale (1) ; il y avait :

1. *Le Grand-Prêtre* (*Sam*) attaché à la fois au culte d'un dieu et à celui d'un roi ; certains rois étaient revêtus du titre de Grand-Prêtre d'une divinité (2) ; mais tout roi était le premier de tous les prêtres. A Memphis, le Sam était le chef du sacerdoce ; on le nommait également archiprêtre et parfois *Sotem*.

2. Le *Her-sesheta* était le prêtre qui avait atteint le plus haut grade de l'initiation.

3. Le *Ker-heb* était le maître de cérémonies ; il était assisté du *Sotem* (auditeur).

4. Le *Soten* ou *Sotem* était chargé de diverses fonctions liturgiques, qui ne sont pas clairement définies.

(1) Nous disons à peu près, en effet, il n'est pas possible dans l'état actuel de la science égyptologique de déterminer d'une manière positive la hiérarchie sacerdotale, car aucun monument jusqu'ici n'a permis de pouvoir contrôler les détails que Diodore (I, 73) nous a fournis sur les prérogatives sacerdotales et la présence des prêtres dans les cérémonies.

(2) N. L'hôte, (*Lettres* p. 176), a trouvé des Pharaons-prêtres.

5. Les *Gardiens des temples* ou *Attachés aux temples*, les *Préposés aux temples* occupaient un rang très élevé ; c'étaient les supérieurs dans divers rangs.

6. Les *Prophètes* ou *Pères-Prêtres* présidaient au détail du culte et des cérémonies ; ils devaient savoir par cœur les dix livres sacerdotaux traitant des devoirs des prêtres envers les dieux. Chaque dieu avait son prophète. Souvent les prophètes, ceux d'Ammon par exemple, se divisaient en plusieurs classes, c'était parmi les prêtres de la première classe qu'on recrutait les *Juges*.

7. Les *Hiérogrammates* ou *Scribes sacrés* étaient chargés de l'administration des revenus sacrés. Ils tiraient leur titre du dieu honoré dans le temple qu'ils desservaient ; chargés des affaires temporelles des temples et de celles de l'État, ils devaient connaître l'*Ecriture sacrée*, la cosmographie, la géographie, le système solaire, les systèmes lunaire et planétaire, la chorographie de l'Égypte et la topographie du Nil. Toutes ces sciences étaient englobées sous le terme générique de l'*Astrologie*.

Les hiérogrammates pouvaient être prêtres d'une ville, comme Soutimès par exemple, qui était à la fois hiérogrammate du temple de Thèbes et prêtre de la même ville. On peut voir le cercueil de Soutimès au Louvre ; ce personnage se qualifiait non-seulement de prêtre de Thèbes, mais encore il était chargé des offrandes faites à Ammon et à d'autres dieux.

8. Les *Hiéracophores* ou prêtres royaux étaient chargés de présenter les offrandes funéraires.

9. Les *Libanophores* étaient des prêtres chargés d'offrir l'encens aux dieux.

10. Les *Sphragistes* ou Scribes des victimes étaient ceux qui marquaient d'un grand sceau ou d'un petit sceau, les victimes propres aux sacrifices.

11. Les *Horologues* ou *Prêtres horoscopes* étaient placés bien au-dessus de la foule des prêtres soit *pastophores*, soit *néochores* ; ceux-ci n'étaient pas soumis à d'aussi complètes purifications.

Les horoscopes étaient non-seulement chargés d'annoncer l'heure dans les temples, mais encore de lire dans l'avenir en dressant des horoscopes.

Clément d'Alexandrie nous apprend qu'ils figuraient dans les cérémonies tenant d'une main une clepsydre et de l'autre une feuille de palmier ; nous l'avons du reste vu précédemment.

Par le papyrus magique Harris, traduit et interprêté par Chabas, nous trouvons au sujet des horoscopes les renseignements que voici : « Indépendamment des observances, dont ils avaient amené l'usage, les anniversaires mythologiques frappaient d'une marque heureuse ou malheureuse l'heure de la naissance : par exemple, l'enfant qui était né le 21 de Thoth devait mourir dans la faveur ; si c'était dans le 9 de Paophi qu'avait eu lieu la naissance, il atteignait la vieillesse ; le 4 de Tobi, il parvenait aux honneurs et sa vie avait une longue durée. — Les marques néfastes sont plus nombreuses : venu au monde le 20 de Thoth, l'enfant ne pouvait vivre, si c'était le 5 de Paophi, il serait tué par un taureau, le 27, mordu par un serpent, né le 4 d'Athyr, il périrait sous les coups, etc. »

Cette citation sert à montrer une partie de ce que devaient connaître les prêtres horoscopes. Maintenant, ces mêmes prêtres étaient-ils chargés d'observer et d'annoncer les heures dans les temples, comme nous l'annoncions plus haut ? Nous ne le pensons pas. C'est sur un passage d'Horapollon (I, 42) que certains archéologues s'appuient pour affirmer le fait. Cet auteur dit que l'horoscope est un *homme qui mange les heures : anthropon tas horas esthionta ;* or, d'après Th. Déveria (1) il aurait fallu traduire le groupe de lettres formant le mot Horoscope par *celui qui est dans les heures.*

(1) *Catalogue du Musée du Louvre*, p. 121.

Clément d'Alexandrie place dans l'ordre des prêtres et avant le scribe sacré (*l'hiérogrammate*), le prêtre qui remplit la fonction d'horoscope. Il tenait dans sa main, d'après cet auteur, une clepsydre et un phénix, lequel phénix symbole de l'Astrologie portait toujours suspendu à son bec, les livres *astrologiques* de Thoth, qui sont au nombre de quatre : le premier traitant de l'ordre des étoiles errantes et visibles ; le second des conjontions et de l'illumination du Soleil et de la Lune ; et les deux autres du lever des astres.

Toutes les traditions de l'antiquité placent l'origine de l'astrologie dans la Chaldée et en Egypte ; ce dernier pays avait étudié cette science depuis une époque fort reculée.

Cicéron, nous dit en effet, que : « les Egyptiens passent comme connaissant depuis un grand nombre de siècles cette science des Chaldéens, qui, fondée sur l'observation journalière des astres, permet de prédire l'avenir et la destinée des hommes.

Du reste, bien avant le prince des orateurs, Hérodote avait dit : « Les Egyptiens sont les auteurs de plusieurs inventions, telles que celles de déterminer d'après le jour où un homme est né, quels évènements, il rencontrera dans sa vie, comment il mourra et quels seront son caractère et son esprit. »

Après les horoscopes, venaient les purificateurs, les divins pères, enfin les simples prêtres.

12. Les *Pastophores* étaient les membres de la classe sacerdotale qui, dans les cérémonies ou les processions portaient sur leurs épaules les édicules (*naos*) qui renfermaient souvent une divinité recouverte parfois d'un voile, quand l'édicule ou sanctuaire, n'était pas fermé par une porte. Or, le terme grec *pastos* signifie également *édicule* et *voile*, d'où le nom de *pastophore*, donné à celui qui portait l'édicule (*naos*) ou le voile (*pallium*). Ecrit en hiéroglyphe, ce même terme signifie *gardien de la maison*, parce que les pastophores étaient aussi gardiens du temple.

13. Les *Chlochytes* étaient les prêtres embaumeurs chargés de terminer le travail accompli sur la momie.

14. Les *Paraschites* étaient les inciseurs du corps du défunt : ils lui ouvraient le flanc. Nous verrons plus loin quand nous parlerons du traitement de la momie, leur manière de procéder pour en extraire les intestins et les viscères.

15. Les *Taricheutes* préparaient le cadavre avec le natron et l'enveloppaient des premières bandelettes.

16. Les *Stolistes* étaient chargés de soigner les statues des dieux, de figurer aux sacrifices et aux leçons.

17. Les *Spondites* étaient chargés des libations. C'étaient des fonctionnaires inférieurs attachés au service des prêtres.

18. Les *Flabellifères* ou porteurs de *Flabella* ou éventails pour les dieux.

Enfin, il y avait les *Néochores* ou domestiques, serviteurs du temple et des prêtres, mais qui n'étaient pas prêtres, nous l'avons dit au commencement de ce chapitre.

Les prêtres se mariaient et leurs enfants mâles leur succédaient très souvent dans leurs fonctions, de sorte que la classe sacerdotale était comme une vaste famille, possédant un héritage transmissible suivant certaines conditions déterminées et connues à l'avance. C'est même ce droit d'héritage qui rendait obligatoire l'hérédité des fonctions, parceque celles-ci déterminaient la part afférente à châque membre de la famille ; c'est ce principe fondamental qui donnait une si grande puissance, une si haute influence à la classe sacerdotale et la faisait pour ainsi dire maîtresse du Pharaon, qui devait toujours compter avec elle.

CHAPITRE XV

DES PRÊTRESSES ET DES PROPHÉTESSES

On a longtemps contesté l'existence des prêtresses dans le culte égyptien ; aujourd'hui ce fait n'est plus contestable : l'inscription de Rosette, celle en texte égyptien, nomme expressément des femmes *prêtresses* : « Pyrrha qui remplit les fonctions d'Athlophore de la reine Bérénice-Evergète ; Areia, canéphore d'Arsinoé Philipator, enfin Irène, prêtresse de la même Arsinoé. »

On pourra objecter que l'inscription de Rosette date de l'Egypte grecque, mais qu'importe, ce monument étant d'origine égyptienne confirme notre thèse. Nous avons aussi la stèle du Musée du Louvre, dans laquelle le roi Thoutmès III de la XVIIIe dynastie, est suivi de sa sœur ou de sa fille la princesse Mouthétis, laquelle est qualifiée de prêtresses des déesses Mouthis et Hathor ; cette princesse est représentée faisant ses adorations à la déesse Mouthis. Du reste, dans un grand nombre de monuments du Louvre et d'autres musées, les femmes et les filles des prêtres sont qualifiées de prêtresses. Il est du reste très certain aussi que, dans les familles royales et sacerdotales, les jeunes filles, dès leur plus bas âge, étaient vouées au culte des divinités et que les reines prenaient le titre d'épouses d'Ammon ; les sépultures de plusieurs reines, ainsi qualifiées existaient dans la vallée de Thèbes, tout auprès du *Ramesseum*.

Les jeunes princesses pouvaient être *Pallacides*, dès l'âge de treize à quatorze ans, enfin, dès les premières dynasties, il y avait des prophétesses, c'est-à-dire des prêtresses, car il ne faut pas prendre ce terme de prophètes dans le sens qu'y attachaient les Hébreux.

Nous savons ensuite, par des actes du règne des Lagides, que diverses prêtresses de diverses reines obtinrent après leur mort les honneurs divins.

Enfin, des manuscrits et des inscriptions mentionnent souvent des prophétesses, puis des pallacides et des assistantes, celles-ci étaient représentées avec un sistre à la main ; les pallacides et les assistantes peuvent être considérées comme étant les premiers degrés, conduisant à la prêtrise.

Strabon nous parle de ces Pallacides ou *Pallades*, il nous dit que c'étaient des jeunes vierges remarquables par leur beauté, qui assistaient aux cérémonies religieuses, comme musiciennes et danseuses, qu'elles résidaient dans les temples et le même auteur donne à entendre que leur vertu n'était pas très sévère, mais rien ne peut justifier ce reproche, dont Strabon a voulu salir leur mémoire. (1) Le même auteur nous apprend aussi, que les chambres du Labyrinthe qui recevait chaque année les députations des différents nomes, recevait également les prêtres et les prêtresses qui accompagnaient ordinairement ces députations.

Ainsi donc, rien ne peut faire supposer, sauf le récit d'Hérodote que nous allons donner, que les femmes fussent exclues de la prêtrise ; au contraire, tout démontre que les femmes parcouraient une hiérarchie de fonctions, qui les élevait au rang des prêtresses pour les déesses,

(1) Du temps de Strabon, l'Egypte était romaine et le culte national était complètement dégénéré : le culte grec y avait pénétré et s'était mêlé au culte primitif égyptien. C'est alors, et alors seulement que les fonctions religieuses remplies par des femmes dégénèrèrent en libertinage, qui nous rappellent les Ménades en fureur. Nous voyons en effet, sur des monuments, des femmes uniquement vêtues d'un simple *lumbare*, d'autres avec un jupon partant sous le sein et descendant jusqu'à la cheville, mais fait d'une étoffe de byssus tellement fine, qu'elles paraissent entièrement nues.

Ces mêmes prêtresses dans certaines cérémonies découvraient les plus secrètes parties de leur corps ; elles avaient des robes disposées dans ce but ; ces vêtements étaient fendus sur le devant et un tablier voilait la fente, de sorte, que lorsqu'elles le relevaient en dansant, elles montraient ce que ce tablier devait cacher.

comme pour les reines divinisées. Et ceci est si vrai que, lors de l'introduction dans le monde romain du culte d'Isis et des cérémonies Isiaques, les femmes y figuraient comme prêtresses.

Voici maintenant le passage d'Hérodote (1) : « les femmes n'exercent de sacerdoce, ni près d'un dieu, ni près d'une déesse : ce sont toujours les hommes qui remplissent ces fonctions pour toutes les divinités. »

Cette citation est une nouvelle preuve de l'inexactitude du récit d'Hérodote, en ce qui concerne les Egyptiens ; du reste, nous n'ignorons pas aujourd'hui que les femmes étaient initiées aux Mystères et que celles qui avaient reçu l'*Initiation*, avaient la tête rasée comme les prêtres ; ceci pourrait donc fournir un nouvel argument en faveur de l'existence de prêtresses chez les Egyptiens, car pourquoi auraient-on initié des femmes, si ce n'est pour leur apprendre l'ésotérisme de la religion, et leur permettre de l'enseigner à leur tour à celles de leurs compagnes qui se montraient dignes d'acquérir la science cachée.

(1) Hérodote, II, 35.

CHAPITRE XVI

LES JUGES, FÊTES ET CÉRÉMONIES INTRONISATION ROYALE

Grâce à leur haute influence, les prêtres pouvaient occuper toutes les fonctions civiles et même militaires. C'était dans la classe sacerdotale, que se recrutaient les *Conseillers du Roi*, les principaux officiers de l'État et parmi eux les Juges.

Les juges secondaires étaient tirés des nomes, mais les magistrats revêtus des plus hautes fonctions étaient recrutés parmi les prêtres de Thèbes, de Memphis et d'Héliopolis, ce qui s'explique facilement, puisque c'est dans ces trois villes que se trouvaient les trois principaux collèges sacerdotaux, de chacun desquels on tirait dix juges.

Voici comment était organisé le pouvoir judiciaire : il y avait à Thèbes un Tribunal suprême composé de trente magistrats, qui choisissaient parmi eux un président, celui-ci portait au cou, comme insigne de sa haute fonction, une chaîne en or à l'extrémité de laquelle était fixée une pierre précieuse représentant la déesse *Saté* (la Vérité).

Le président élu désignait pour le suppléer en cas de nécessité, un autre prêtre tiré du même collège que lui ; le tribunal se composait donc de 31 magistrats, tous instruits et capables, car les hiérogrammates, nous l'avons déjà vu, devaient connaître l'écriture sacrée, la cosmographie, l'astrologie, la géographie, la chorographie de l'Égypte et la topographie du Nil.

Les magistrats siégaient en robe blanche de lin ; devant le président se trouvait une table sur laquelle était placé le *Livre de Thoth*, contenant les dix livres de la Loi.

Bien que les juges fussent remunérés par la cassette royale, ils juraient, en acceptant leurs fonctions de désobéir au Roi, s'il leur commandait jamais une action injuste.

Ces magistrats jouissaient auprès du peuple d'une très grande considération « parce qu'il leur était permis de voir le roi *nu* » c'est-à-dire de le voir à n'importe quelle heure du jour et de la nuit.

Etudions maintenant la procédure suivie dans une affaire portée devant le Tribunal : la demande faisait l'objet d'une requête écrite ; le défendeur répondait par le même moyen, et chacun (demandeur et défendeur), avait droit à une réplique écrite.

Les Juges consultaient ensuite le *Livre de Thoth*, qui décidait du point litigieux. Après s'être concerté avec les juges, le président faisait connaître le jugement en tournant la figure de *Saté* (la Vérité) du côté de celui des plaideurs qui avait gain de cause. Il n'y avait donc ni avocats, ni avoués, ni plaidoiries, ni tout le fatras de notre jurisprudence. Sur la simple production des placets, les Juges prononçaient et échappaient ainsi aux séductions de l'orateur plus ou moins habile à manier les passions humaines et à s'en servir pour sa cause.

CÉRÉMONIES ET FÊTES

Les cérémonies et fêtes toujours religieuses, étaient fort nombreuses en Egypte. — Grâce au calendrier gravé sur la muraille extérieure du Palais de Médinet-Abou, nous connaissons un grand nombre de fête de l'année ; elles y figurent mois par mois. On y lit : *mois de Thoth*, néoménie (nouvelle lune, plus ordinairement le premier du mois), manifestation de l'étoile *Sothis* (Sirius) ; ce jour-là l'image d'Ammon-Ra sortait processionnellement du sanctuaire, accompagnée par le roi Ramsès, ainsi que par les autres images du temple ; *mois de Paôphi*, le 19, jour de la principale panégyrie d'Ammon-Ra ; l'image de ce dieu sort du sanctuaire, ainsi que celles de tous les autres dieux synthrônes ; *mois d'Athyr*, etc., etc.

On a recueilli des renseignements suffisants pour reconstituer en entier tout le calendrier civil et religieux des anciens égyptiens ; mais les plus importants documents à ce sujet, ont été trouvés dans le Palais de Médinet-Abou et dans le grand temple d'Esneh, sur les murs duquel on lit, ou plutôt on lisait, il y a trente ou quarante ans, l'ordre des principales fêtes célébrées en l'honneur des trois divinités suivantes : *Chnouphis*, *Neith* et *Haké* ou *Herka*.

Au même palais de Médinet-Abou, se trouve également sculptée une grande cérémonie ; c'est l'Intronisation d'un Roi ; nous en parlerons bientôt après avoir dit que les Panégyries, étaient de grandes assemblées politiques et religieuses, ordinairement présidées par le Roi ou par l'un des Princes ses fils. Plusieurs monuments attestent que c'était un devoir essentiel de la royauté que de présider à cette célébration.

Le décret de Canope les donne comme des fêtes dites *populaires ;* c'était une sorte de *Jubilé*, auquel participait le pays tout entier et qui avait pour but de célébrer le trentième anniversaire de l'avènement du Souverain en exercice.

Des panégyries moins solennelles avaient lieu dans les temples, aussi les dénommait-on *Panégy-*

ries des temples; le décret de Rosette, nous parle de celles-ci, ainsi que de deux autres genres de fêtes :

1° *Les fêtes à exode*, à l'occasion desquelles, on promenait en procession des chapelles (*naos*) de dieux, ce que les textes dénomment : *sortie du dieu un tel;*

2° *Les Jours éponymes du Roi;* ces fêtes avaient lieu le 1er, le 6 et le 15 de chaque mois.

Mentionnons parmi d'autres nombreuses fêtes, celle du lever de Sothis, point de départ de l'année; la fête des ancêtres (*Uga*) la fête de *Ptah-Sokari*, de *haker*, etc., etc.; car à part les fêtes générales, il y avait les fêtes locales très nombreuses, ainsi rien que pour Ammon à Thèbes, il y avait plus de quarante fêtes annuelles ou décennales.

INTRONISATION ROYALE

On instruisait les jeunes princes dans les principes et les préceptes de la religion, dans les arts et les sciences qui relevaient du reste tous de la religion ; enfin des exercices gymnastiques complétaient leur éducation morale et leur permettait de posséder le *Mens sana in corpore sano :* ce qui leur était du reste non-seulement nécessaire, mais indispensable, car le poste de roi n'était pas, tant s'en faut, une sinécure (1).

Les princes occupaient dans l'État des fonctions diverses, une loi leur réservait ces fonctions. Ils portaient un costume particulier, le *pedum*, et un éventail formé d'une longue plume d'autruche emmanchée dans une élégante poignée. Généralement le fils aîné a les titres de *porte-éventail* à la gauche du roi, *secrétaire* du roi, *commandant en chef* de l'armée ; le second fils était également *porte-éventail* à la gauche du roi, *secrétaire royal* et *commandant en chef* de la garde royale ; le troisième fils joignait à ses titres de *porte-éventail* et de *secrétaire*, celui de *commandant* en chef de la cavalerie, c'est-à-dire des chars ; enfin les princes avaient des titres sacerdotaux et des fonctions civiles ; ils étaient prophètes, chefs suprêmes, etc.

Quand le prince par ordre de primogéniture

(1) La Loi, dont le roi était le premier serviteur réglait toutes les heures de la journée royale. La première heure après le lever, était consacrée à l'ouverture des dépêches relatives aux affaires publiques; le roi revêtu de ses insignes et d'habits magnifiques se rendait ensuite au temple; après diverses cérémonies, le grand prêtre tirait du Rituel, un précepte religieux dont il développait le sens et l'application devant le roi et l'auditoire. Le reste de la journée était également réglé par la Loi qui prescrivait l'heure du bain, celle des repas, la qualité et la quantité des mets, la ration de vin, la durée du repas, enfin le temps du repos royal.

parvenait au trône paternel, une grande cérémonie (panégyrie) consacrait son avènement; c'étaient les dieux mêmes, qui donnaient l'investiture royale.

La reine assistait au sacre du roi, assise à ses côtés, du reste, dans toutes les cérémonies, elle figurait à côté de son époux, et ses fils et ses filles y avaient également une place asssignée, suivant leur rang.

Au palais de Médinet-Abou, il y a parfaitement dessinée et représentée une intronisation royale, celle du Pharaon Ramsés Meiamoun. On y voit deux autels surmontés de deux enseignes sacrées; deux prêtres reconnaissables à leur tête rasée, sont devant le *Sam* (grand prêtre) qui préside à la cérémonie et qui tient en main le sceptre, insigne de ses hautes fonctions; un troisième prêtre sur l'ordre du Sam, lâche quatre oiseaux qui s'envolent dans différentes directions; le lâcher a lieu au moment où le Président dit: « Donnez l'essor aux quatre vies: Amset, Sis, Soumants et Kebhsniv; dirigez-vous vers le Midi, le Nord, l'Occident et l'Orient, et dites aux dieux de ces contrées qu'Horus, fils d'Isis et d'Osiris, s'est coiffé de la couronne royale et que le Roi Ramsès s'est également coiffé de la couronne royale.

TROISIÈME PARTIE

Psychologie, Philosophie, Morale, Deuils, Funérailles, Momies, Monuments funéraires.

CHAPITRE XVII

L'IMMORTALITÉ, LA MÉTEMPSYCOSE

Les Égyptiens croyaient à l'immortalité de l'âme ; c'est là un fait certain, indubitable. D'après leur doctrine, les âmes existaient primitivement au sein de Dieu ; elles désobéirent à leur créateur en quittant la sphère de l'air et en se précipitant sur la terre pour s'unir à la matière. De cette union naquirent des corps charnels, qui devinrent, pour ainsi dire, les prisons de l'âme.

« D'une seule âme, celle du Tout-Puissant, dit Stobée (1) proviennent toutes ces âmes qui,

(1) *Eclogæ physicæ*. — J. Stobée est un écrivain grec qui vivait au IVe siècle de l'ère vulgaire. Il nous a laissé une sorte d'*Encyclopédie* ou d'*Anthologie* de près de 500

comme distribuées, se répandent dans le monde. Ces âmes subissent maintes transformations; celles qui sont déjà créatures rampantes se transforment en animaux aquatiques ; de ces animaux aquatiques dérivent les animaux terrestres et de ceux-ci, les oiseaux. Des créatures, qui vivent élevées dans l'air, naissent les hommes. Comme les hommes, les âmes reçoivent le principe de l'immortalité, deviennent génies, puis parviennent dans le chœur des Dieux. »

Nous avons tenu à rapprocher ce passage de la doctrine égyptienne sur l'âme,car il nous montre deux choses : la première, la commune origine de l'âme ; la seconde, la transformation de l'âme animale en âme humaine, une sorte de métempsycose renversée, la seule admise par les Égyptiens ; car d'après les lois de l'évolution, l'âme humaine peut s'élever, mais jamais descendre.

La doctrine égyptienne professée par les prêtres, nous apprend que souillées par leur séjour terrestre, ces âmes vont en expiation habiter le corps des animaux; puis des sphères célestes, elles reviennent enfin à leur premier séjour.

fragments célèbres, sous le nom de *Eclogœ physicœ*. — Nous ignorons de quel auteur est le fragment d'*hermétisme* que nous venons de mentionner, mais il nous paraît avoir très certainement, une origine fort ancienne, car cette expression, chœur des Dieux, rappelle tout à fait les *Dyans choans* de l'Inde brahmanique.

La raison pour laquelle les Égyptiens prennent tant de soin pour conserver le corps du mort sera bientôt exposée ; pour l'instant nous dirons qu'il semblerait d'après ce qui précède que les Égyptiens croyaient à la métempsycose ; nous pensons que c'est là une erreur, surtout accréditée par ce passage d'Hérodote (1) : « Ils (les Égyptiens) ont aussi les premiers avancé que l'âme des hommes est immortelle et qu'après la destruction du corps, elle entre dans un autre animal toujours prêt à naître ; qu'elle parcourt ainsi tous les animaux qui vivent sur la terre et dans les eaux ou qui volent dans les airs, et qu'enfin elle retourne de nouveau dans le corps d'un homme naissant. Ce retour a lieu après une période de trois mille ans. Quelques Grecs ont adopté cette doctrine, les uns dans les temps reculés, les autres plus récemment, et l'ont donnée, comme étant la leur. Je connais bien leurs noms, mais je ne les écrirai pas. »

Nous pouvons nommer ceux qu'Hérodote ne veut pas désigner : c'est Phérécyde, Pythagore et Anaxagore, ce dernier contemporain d'Hérodote ; après Anaxagore, nous mentionnerons Archelaüs son disciple, Socrate et Platon postérieurs à Hérodote.

(1) T. II. Liv. II. § 123.

Dans le passage que nous venons de mentionner, il y a lieu de remarquer cette expression de *corps d'un homme naissant*, expression qui prouverait que les Égyptiens n'admettaient pas que l'âme dût reprendre son ancien corps. Ainsi donc le motif que l'on attribuait à l'embaumement n'était pas comme on l'a prétendu jusqu'ici, afin de permettre au mort de retrouver son corps dans une résurrection quelconque ; en effet, les Égyptiens se faisaient embaumer, parce qu'ils supposaient que la transmigration de leur âme ne commençait que quand celle-ci était absolument privée de la présence de son corps, c'est-à-dire, quand il était entièrement détruit, oxydé, réduit en poussière ; or, tant qu'il restait, même des parcelles de ce corps, l'âme avait la faculté de rester près de lui, et par conséquent de ne point se réincarner.

Voilà pourquoi les Égyptiens s'efforçaient avec tant de soins et de recherche de retarder le plus possible, le moment de l'entière destruction du corps et utilisaient tous les moyens en leur pouvoir dans ce but, et tout particulièrement l'embaumement qui garantissait le corps de la pourriture, principe de la destruction finale et irréparable.

Servius (1) nous dit formellement ce qui précède, et faute de documents plus anciens, nous sommes bien obligé d'étayer notre affirmation sur cet auteur : « Les sages Égyptiens, dit-il, cachent leurs cadavres pour les conserver le plus longtemps possible, afin que l'âme attachée au corps un long espace de temps ne puisse de sitôt passer dans d'autres corps. Les Romains, au contraire, brûlaient les cadavres, afin que l'âme put retourner dans le grand tout, c'est-à-dire dans la nature. »

Pour aller au-devant d'une objection que pourrait faire le lecteur, nous devons ajouter que de nombreux Égyptologues, ne comprenant nullement l'ésotérisme contenu dans le *Livre des Morts*, en ont faussement interprêté un grand nombre de passages, notamment celui qui concerne l'arrivée de l'âme dans les champs d'Aarou, dans le chapitre LXXX, on peut lire ce qui suit : « Dans le cours de ses pérégrinations l'âme ne revêtait que l'image de son corps », c'est-à-dire le périsprit, le corps astral, « mais quand l'âme s'approche des champs d'Aarou, elle devait se

(1) *Ægyptii periti sapientià condita diutius reservant cadavero, scillicet ut anima multo tempore perduret et corpori sit obnoxia nec cito alio transeat. Romani contra faciebant, comburentes cadavero, ut statim anima generalitatem, id est, in suam naturam rediret.* SERVIUS, *in Virgil.*, III, v. 68.

réunir à son corps. » S'étayant sur ce passage, certains égyptologues ont affirmé que l'embaumement n'avait pour but que de conserver le corps pour cette sorte de résurrection. Or, rien n'est plus faux. Ce passage signifie tout simplement que le mort devait matérialiser son corps astral pour se présenter corps et âme à l'état d'*agénère* dans les champs d'Aarou. On ne saurait donner une autre explication, ou plutôt une autre interprétation à ce passage sans le fausser. C'est de la dernière évidence, puisque beaucoup de corps d'hommes justes, n'ayant pas été embaumés ou ayant été détruits pour un motif quelconque, n'auraient jamais pu arriver à la béatitude finale, ce qui serait d'autant plus injuste qu'ils ne pouvaient être rendus responsable de la destruction de leur cadavre.

Du reste, le même *Livre des Morts* va nous fournir encore une preuve de la justesse de notre interprétation. Nous y lisons, en effet, que le mort ayant franchi la porte (la première porte du ciel), s'avance illuminé par la lumière divine qui l'instruit. « Le mort entre alors dans une série de transformations ; il se change successivement en épervier (1), en lotus (2), en héron (3), en grue (4), en oiseau à tête humaine (5), *image*

(1) Ch. 78. — (2) Ch. 85. — (3) Ch. 83. (4) Ch. 84. — (5) Ch. 85.

de l'homme, en hirondelle (1), en serpent (2), en crocodile (3).

Or, il est bien évident que le défunt n'a pas besoin, pour opérer les transformations,qui précèdent d'avoir été les animaux énumérés et d'avoir conservé leur cadavre par la momification ; c'est donc par la seule force de sa volonté (par sa *force psychique*) que le défunt revêt toutes les formes qu'il lui plaît (4) ; C'était même une faculté accordée aux justes. Nous revenons plus loin sur ce sujet, en analysant d'autres passages du *Livre des Morts*, dans le chapitre suivant.

Telles sont les idées qu'un trop grand nombre d'Egyptologues n'ont pas connues, ne connaissent pas et n'ont pu dès lors, mentionner dans leurs travaux; de là des passages tout à fait incompréhensibles pour eux et pour leurs lecteurs.

LA MÉTEMPSYCOSE

Les Égyptiens croyaient-ils à la métempsycose c'est-à-dire à la transmigration de l'âme humaine dans le corps d'animaux ? Nous l'avons déjà dit, nous ne le pensons pas. — Les prêtres pouvaient bien dans un but intéressé professer cette doc-

(1) Ch. 86. — (2) Ch. 87. — (3) Ch. 88.

(4) Dans un très grand nombre de chapitres du *Livre des Morts*, le défunt (l'*Osiris*) demande « la faculté de revêtir toutes les formes qui lui plairont. »

trine pour inspirer au peuple une crainte salutaire et servir ainsi la politique des gouvernements. On conçoit très bien aussi que, les Égyptiens frappés par cette terreur cherchaient, soit dans l'exercice des vertus, soit dans des pratiques superstitieuses, à échapper par tous les moyens aux humiliantes transmigrations dans le corps des animaux. Ils devaient, afin de pouvoir éviter ce châtiment en expiation de leurs fautes, faire de larges aumônes aux prêtres. Les Égyptiens instruits au contraire, croyaient non à la *métempsycose*, mais à la *métensomatose*, c'est-à-dire non à la transmigration de l'âme dans des corps d'animaux, mais en de nouveaux corps humains.

La doctrine de l'immortalité de l'âme et de ses transmigrations avait bien eu pour origine dans l'Antiquité, l'Égypte, et c'est bien de ce pays, que l'idée passa en Grèce et de là dans le monde occidental, importée par Platon qui avait été le premier disciple étranger, des prêtres Égyptiens. Pausanias (1) nous apprend même à ce sujet que «Platon modifia les idées de métempsycose et de transmigrations venues originairement des Égyptiens ou des Chaldéens et des mages de l'Inde.»

De son temps, Platon passa même chez ses

(1) Liv. IV, ch. XXXII.

contemporains pour l'inventeur du dogme de l'immortalité. Mais les Pères de l'Église admettaient seulement que le philosophe grec avait le premier fait connaître aux Grecs, le dogme de l'immortalité de l'âme, mais qu'il l'avait emprunté aux livres de Moïse et des prophètes (1), assertion absolument fausse et insoutenable.

Du reste même de son vivant, on avait dénié à Platon d'avoir le premier parlé du dogme de l'immortalité. Cinq siècles après lui, Athénée a parfaitement démontré que Platon n'était nullement l'auteur, l'inventeur de ce dogme (2), puisque Homère (3) avait dit dans l'*Iliade*, en parlant de la mort de Patrocle : « Son âme, s'envolant de ses membres, se rend aux enfers, déplorant le sort fatal, qui la forçait à abandonner la vigueur et la jeunesse. »

On voit donc par les expressions d'Homère que l'âme survivait au corps.

Nous n'insisterons pas d'avantage sur ce sujet car dans la suite de notre œuvre, notamment dans le chapitre suivant, nous aurons occasion d'étudier la doctrine psychologique des Égyptiens

(1) V. Justin, martyr, *Apolog. pour la chrét.* collect. des œuvres polémiques des Pères, Wurtzbourg, 1777, tom. I, p. 127.

(2) Athéné, *Deinosoph.*, XI, ch. xv

(3) XVIe *Liv. de l'Iliade*, v. 856, 857.

nous l'étudierons surtout dans deux ouvrages très intéressants, tout à fait incompréhensibles pour la majeure partie des archéologues, nous voulons parler du *Livre des Morts* faussement dénommé *Rituel Funéraire* et du *Livre des Respirations.*

CHAPITRE XVIII

LE LIVRE DES MORTS

De tous les livres religieux de l'Antique Égypte, le *Livre des Morts* est le plus important, il contient en effet, l'exposé de la doctrine des Égyptiens sur la destinée de l'âme après la mort. Il existe de ce livre des variantes en grande quantité, parce que presque toutes les momies en possèdent auprès d'elles un exemplaire, qui était plus ou moins complet, disons même plus ou moins abrégé, suivant la fortune de celui dans le cercueil duquel, on le trouve ; car il ne faut pas oublier que les manuscrits sur papyrus revenaient à un prix très élevé et proportionnel, naturellement à leur longueur.

De tous les *Livres des Morts* trouvés jusqu'ici dans les momies ou dans leur boîte, le plus complet est celui du *Musée de Turin*, qui a été publié par Lepsius et dont nous donnons ci-dessous une analyse fort courte.

Le livre débute par un important dialogue (1) de l'âme, au moment où elle vient de quitter le

(1) Ch. 1.

corps du défunt ; celui-ci s'adresse à la divinité infernale, il énumère tous les titres qu'il croit avoir à produire, afin d'être admis dans l'Amenti. Le chœur des âmes glorifiées, qui assistent au débat, intervient en faveur du défunt et appuie sa prière. En ce moment, le prêtre qui est sur la terre, joint sa voix au chœur des âmes et implore la clémence céleste.

Osiris se laisse fléchir et dit au mort : « Ne crains rien en m'adressant ta prière pour la pérennité de ton âme, afin que j'ordonne que tu franchisses le seuil. »

Ainsi rassurée par la divine parole, l'âme du défunt autorisée pour ainsi dire, pénètre alors dans l'Amenti, mais elle poursuit ses invocations. Les chapitres de II à XIV nous fournissent brièvement des détails relatifs à la mort et aux premières cérémonies des funérailles. Après avoir franchi les portes de l'Amenti, l'âme à son entrée dans la région infernale se trouve éblouie par l'éclatante lumière du soleil, qu'elle aperçoit pour la première fois dans l'hémisphère inférieur ; aussi entonne-t-elle un hymne de louanges au Soleil, sous forme d'invocation à laquelle se mêle parfois une sorte de litanie (Ch. XV).

Du chapitre Ier au chap. XVI, règne au-dessus du texte une vignette qui nous montre une procession funèbre : lamentation des parents et des assistants, transport de coffrets funéraires et de la momie dans une *Bari*, prêtres offrant des libations et des offrandes, revêtus de leurs insignes sacerdotaux, etc., etc. Le chapitre XVI n'est qu'une vignette en quatre registres qui montrent successivement un prêtre faisant une libation, Shou (1) qui soulève le disque solaire, au milieu de cynocéphales ; soleil qui plane dans l'espace ; enfin le défunt adorant le Soleil.

Ici se termine la première partie du *Livre;* dans la seconde nous allons assister aux diverses pérégrinations de l'âme dans l'hémisphère inférieur.

Pour voyager sur notre terre, il faut de l'argent ; pour parcourir les régions de l'Amenti, il faut de la nourriture, c'est-à-dire de la science ; or ces deux termes égyptiens sont synonymes, nous allons le voir, et fréquemment employés, identifiés même dans le *Livre des Morts*. Ceci justifie bien ce que dit Horapollon dans ses *Hiéroglyphes :* « Les Égyptiens appellent la science *Sho*, qui signifie plénitude de nourriture. Or la *science sacrée* des choses religieuses est bien la seule nourriture mystique que l'âme puisse emporter pour la soutenir dans ses longues pérégrinations après la mort. L'âme qui ne posséderait pas une quantité de cette science sacrée ne pourrait par-

(1) *Shou* symbolise la force du soleil.

venir au but final de son voyage et par conséquent obtenir grâce auprès du tribunal d'Osiris ; il lui faut donc, avant d'entreprendre son voyage, faire une ample provision de nourriture ou de *science sacrée*. C'est à cela qu'est consacré en grande partie le chapitre XVII qui inaugure la seconde partie du livre. Mais combien peu de lecteurs qui parcourent ce livre XVII en comprennent la signification ! Ainsi l'exégèse de ce chapitre nous apprend que le mot *Aanrou, aarou* est le champ des moissons divines « celui qui produit l'alimentation des dieux qui sont derrière le sarcophage. » Ce champ est cultivé par les mânes, qui y séjournent et s'y promènent ; aussi les chemins, qui conduisent à ce grand champ entouré de murs en fer étaient-ils mystérieux et aboutissaient à des portes percées dans ce mur.

Les chapitres de XVIII jusqu'à XX inclusivement nous fournissent une série de prières qu'on récitait pendant l'embaumement du défunt, tandis qu'on enroulait le corps dans ses bandelettes. Ces prières sont adressées au dieu Thoth, qui remplit le rôle de *Psychopompe*, c'est-à-dire de Conducteur des âmes. Ces invocations présentent un grand intérêt, car elles font allusion à la grande épopée d'Osiris et de sa lutte contre Set. Le défunt s'adressant au dieu, le supplie de lui rendre le même service qu'il a rendu autrefois à Osiris et à son fils Horus, *vengeur de son père.*

C'est dans ce chapitre XVIII, qu'on trouve le nom du dieu Astès (1) qui préside au chemin des morts ; il se termine par ces mots : « Celui qui récitera ce chapitre pour le défunt (étant dit *chapitre purificateur*) sera sain et sauf sur terre et passera à travers le feu sans qu'il lui arrive aucun mal, en vérité. Ce chapitre a pour but de donner au défunt le *Ma-khérou*, c'est-à-dire le privilège de *faire la vérité par la bouche*, comme l'a fait Osiris par sa seule parole qui prévaut toujours contre les éléments.

Malgré l'intérêt que comportent tous les chapitres de ce *Livre des Morts*, nous sommes bien obligés d'en passer beaucoup sous silence et de ne mentionner que très brièvement le contenu de certains autres.

Si nous poursuivons notre étude dans ce livre intéressant, nous voyons que le corps une fois transformé en momie et l'âme munie de science (nourriture spirituelle), le défunt va commencer ses pérégrinations (Ch. XXX). Encore en ce moment, il est immobile et comme en catalepsie. Pour recouvrer l'usage de ses membres, il doit s'adresser aux dieux. Ceux-ci lui rendent bientôt

(1) Ce dieu Astès est plusieurs fois mentionné, notamment au chapitre CXLV.

toutes les facultés qu'il avait durant sa vie; il peut successivement se tenir debout, marcher, parler, prendre sa nourriture et surtout combattre; car le combat ne finit point avec la vie, comme on va voir.

En effet, dès son entrée dans la vie d'outre-tombe, de grands obstacles se présentent devant le désincarné; il trouve sur son chemin des monstres terribles, serviteurs dévoués de Set (1) le meurtrier d'Osiris. Ces monstres sont d'autant plus dangereux qu'ils sont généralement amphibies : ce sont des crocodiles, d'énormes tortues à dure carapace, des serpents et autres reptiles, qui tous se jettent sur le désincarné pour le dévorer (Ch. XXXI à XLI). Si ce défunt n'a pas de nourriture mystique en quantité suffisante, c'est-à-dire, comme nous l'avons déjà vu de la science, il éprouve de véritables effrois; il peut même croire qu'il est dévoré; il ne peut alors parvenir à la fin de ses épreuves. Au contraire, s'il possède une provision suffisante de science, il fixe ses regards sur les yeux de ces animaux, il les hypnotise et dès lors, il n'a plus rien à craindre d'eux (ils fuient, ils disparaissent, ils fondent); tel le dompteur moderne que nous voyons entrer dans la cage des lions et autres

(1) Le typhon des Grecs.

fauves ; s'il se montrait timide et craintif, il serait bien vite perdu, dévoré.

Mais la fixité du regard n'empêche pas toujours les combats, dans lesquels, ajoute le *Livre des Morts*, le désincarné et les monstres s'injurient. Enfin le défunt, qui après sa victoire va se nommer l'Osiris, parvient à renverser tous ses ennemis et à forcer le passage ; il entonne alors des chants de victoire, dans lesquels il s'assimile à tous les dieux, dont les membres sont devenus siens. (Ch. XLII).

« Mes cheveux, dit-il, sont ceux de l'abîme céleste, ma face celle du soleil, mes yeux ceux d'Athor » et ainsi de suite de toutes les parties du corps. (Ch. XLII).

Après ces luttes, et ces travaux de toute sorte, l'Osiris a besoin de repos ; aussi s'arrête-t-il quelque temps pour reprendre des forces et repaître sa fin mystique.

Après ses combats, il lui a fallu éviter de grands dangers : il a échappé au billot, sur lesquels on décapite les damnés ; il ne s'est pas égaré dans le désert sans limites, dans lequel on meurt de faim et de soif. Du haut de l'arbre de vie, la déesse Nout lui verse une eau salutaire et réconfortante, qui le rafraîchit et lui permet ainsi de reprendre sa route, afin d'arriver à la première porte du ciel. Là, un dialogue s'engage entre le défunt et la lumière divine, qui l'instruit; ce dialogue, que nous regrettons de ne pouvoir reproduire est un des beaux morceaux du livre; il présente des analogies avec le dialogue engagé entre Poimandrès et la lumière divine. Enfin le mort a franchi la Porte, il continue ses pérégrinations, il avance, mais cette fois illuminé par cette nouvelle lumière, à laquelle il a adressé ses invocations. Il passe alors (LXV-LXX) par une série de transformations et revêt la forme de symboles divins de plus en plus élevés et s'idendifie avec eux; plus haut nous avons déjà dit quelques mots sur ces transformations. Le mort arrive bientôt à la demeure de Thoth; il la traverse et celui-ci lui remet un livre, qui contient des instructions pour poursuivre sa route, ainsi que de nouvelles leçons de science, qui lui seront indispensables (XC).

Il arrive en effet sur les bords du fleuve infernal, qui le sépare des champs Élysées; ici, un nouveau piège l'attend. Un nautonier, envoyé par Set, est embusqué sur son passage, et il essaie par des paroles insidieuses, de l'attirer dans sa barque, afin de l'égarer et de l'emporter à l'Orient, c'est-à-dire à l'opposé de sa course, où il doit rejoindre le Soleil infernal (XCIII). Le défunt sort vainqueur de cette épreuve, il démasque la perfidie du nautonier, et il le repousse en l'agonisant d'injures. Alors il arrive devant une autre barque ; celle-ci est la bonne, c'est celle qui le conduira sûrement au port (XCVIII) ; mais avant de prendre place dans cette barque, il faut qu'on sache s'il est réellement en état d'y monter et s'il est capable d'y naviguer, s'il possède, en un mot, à un suffisant degré, la science indispensable à son salut. Le nautonier divin lui fait subir un examen ; cet interrogatoire est une sorte d'initiation. Le défunt passe l'examen de capitaine (XCIX), et, fait curieux, chaque partie de la barque paraît successivement s'animer, pour demander le nom qu'elle porte, et quel est le sens mystique de son nom.

« Dis-moi le nom du piquet pour amarrer la barque ? — Le Seigneur des mondes, dans son enveloppe, est ton nom. — Dis-moi le nom de la corde ? du nœud attaché au piquet ? — Anubis, dans les circonvolutions du lien, est ton nom. — Dis-moi le nom du maillet ? — L'adversaire d'Apis est ton nom, etc., etc. »

Le défunt ayant soutenu victorieusement cet examen peut alors s'embarquer ; il traverse le fleuve infernal et prend pied sur l'autre rive, de l'autre côté de l'eau, et il arrive dans les champs Élysées, au sein de la vallée d'Aarou ou de Balot, dont voici la description : « Est cette vallée de Balot à l'Orient du ciel de 370 perches en longueur et 140 coudées en largeur. Est un crocodile, seigneur de Balot, à l'Orient de cette vallée ; dans sa demeure divine au-dessus de l'enceinte est un serpent en tête de cette vallée, long de 30 coudées, le corps gros de 8 coudées de tour (CVIII)... Au midi est le lac des principes sacrés, et le Nord est formé par les eaux de la matière primordiale... (CIX).

Un grand dessin montrant cette vallée ouvre le chapitre CX ; on y voit l'Osiris se livrer aux travaux des champs, labourer, semer, moissonner et récolter dans ces champs divins une ample provision de ce blé de la science qui va lui devenir d'une nécessité absolue, car plus l'Osiris (le défunt) avance, plus il a besoin de science. Il ne lui reste plus qu'une épreuve à subir, mais c'est aussi la plus difficile, la plus terrible. — Conduit par Anubis, il traverse le labyrinthe et, à l'aide d'un fil conducteur qui le guide dans les vastes dédales du labyrinthe, il arrive enfin à pénétrer dans le prétoire où l'attend Osiris assis sur son trône et entouré de ses quarante-deux assesseurs. C'est le moment solennel, où va être prononcée la sentence définitive qui admettra l'Osiris dans la béatitude où l'en exclura pour toujours (CXXV). Alors commence le dernier et le plus solennel interrogatoire. Il lui faudra montrer une dose de science assez considérable pour lui donner le droit de partager le sort des âmes glorieuses. Chacun des quarante-deux juges portant un nom mystique va interroger le défunt, et à chacun il doit dire son nom et sa signification ; il doit ensuite rendre compte des actes de toute sa vie, et cette confession commence par être négative. Le mort en effet, s'adressant tour à tour à chacun de ses juges, doit lui dire et lui déclarer hautement qu'il n'a pas commis tel ou tel autre méfait ; cette confession contient tout le code de la conscience égyptienne.

« Je n'ai pas commis de fautes, s'écrie le défunt, je n'ai pas blasphémé ; je n'ai pas trompé ; je n'ai pas volé ; je n'ai pas divisé les hommes entre eux par mes ruses. Je n'ai traité personne avec cruauté. Je n'ai excité aucun trouble. Je n'ai pas été paresseux. Je ne me suis pas enivré. Je n'ai pas fait de commandements injustes. Je n'ai pas eu une curiosité indiscrète. Je n'ai jamais bavardé. Je n'ai frappé personne. Je n'ai causé de crainte à personne. Je n'ai jamais médit d'autrui. Je n'ai pas rongé mon cœur (c'est-à-dire je n'ai pas eu à me repentir de quelques mauvaises actions). Je n'ai mal parlé, ni du roi, ni de mon père. Je n'ai pas intenté de fausses accusations. Je n'ai pas pratiqué d'avortement. Je n'ai pas retiré le lait de bouche du nourrisson, etc., etc.

On voit par cette dernière citation que les

vices infâmes de Rome étaient expressément réprouvés en Egypte.

Le défunt poursuit et dit : Je n'ai pas fait de mal à mon esclave en abusant de ma supériorité sur lui (1). Enfin le défunt arrive à énumérer le bien qu'il a fait pendant sa vie.

« J'ai fait aux dieux les offrandes qui leur étaient dues. J'ai donné à manger à celui qui avait faim ; j'ai donné à boire à celui qui avait soif ; j'ai fourni des vêtements à celui qui était nu..., etc. »

L'Osiris s'étant pleinement justifié, son cœur étant placé dans la balance avec la justice comme contrepoids, il n'a pas été trouvé plus lourd ; alors les quarante-deux juges ont reconnu au mort la science nécessaire. Osiris rend la sentence sur l'osiris (le défunt) ; Thoth, comme greffier du tribunal, l'inscrit sur le registre et le mort entre dans la béatitude.

C'est ici que s'ouvre la troisième partie du *Livre des Morts* ; c'est la plus belle de l'œuvre et la moins comprise, parce que son mysticisme est tout à fait obscur pour les archéologues qui ne

(1) Une inscription d'un tombeau à Beni-Hassan dit : « Aucun orphelin n'a été maltraité par moi ; aucune veuve n'a été violentée par moi ; aucun mendiant n'a été bâtonné par mes ordres ; aucun pâtre n'a été frappé par moi ; aucun chef de famille n'a été opprimé par moi ; je n'ai pas enlevé ses gens à ses travaux. »

connaissent pas un mot de l'ésotérisme égyptien. — Nous voyons en effet l'osiris identifié au Soleil ; avec lui il parcourt les diverses demeures du ciel et le lac de feu, source de toute lumière. — Nous nous arrêterons là, nous réservant de faire un jour une étude toute spéciale de cette partie du livre, car nous trouvons qu'elle mérite une étude très approfondie, qui serait certainement ici hors de propos par son développement, et nous insistons sur ce fait que l'osiris s'identifie avec le Soleil, c'est-à-dire devient un corps lumineux une *âme-lumière*.

CHAPITRE XIX

L'AME-LUMIÈRE

L'âme, étant immatérielle, n'a pas de forme tangible ; cependant un grand nombre de psychologues admettent que l'âme rayonne comme une lampe, un corps lumineux.

Les Égyptiens admettaient également ce fait, puisqu'ils représentaient l'âme comme un disque lumineux porté par des ailes ; celles-ci symbolisent sa marche rapide à travers l'espace. Cette lumière est parfois dénommée *flamme*, comme dans le passage suivant (1) : « Parle-moi, Amsat, dieu des ténèbres ! Chaque démon, chaque ombre qui habite le monde souterrain doit obtenir que ceux qui sont morts s'éveillent à ma voix : certaines âmes pour vivre, les autres pour respirer ! Cette conjuration doit faire jaillir la *flamme* aujourd'hui éteinte qu'appelait la conjuration de la grande Isis, alors que par *Sa* elle assignait son époux, que par *Sa* elle réclamait son frère..... Parle, ô toi... Un million de fois, je t'en conjure ! Tu as parlé au petit enfant. Dis ce qu'elle a

(1) *Livre des respirations.*

commandé. Parle-moi : loin de moi ténèbres; viens à moi, ô lumière ! » Un peu plus loin nous lisons : « Maintenant fais bien attention, et, jusqu'à ce que les dieux apparaissent pour te parler, ne cesse pas de recommencer (la conjuration). »

Il nous faut ajouter ici que dans ce mot *flamme* il faut toujours voir un synonyme de lumière, et non la flamme qui se dégage au-dessus des tombes pendant les chaleurs de l'été et qui n'est que le résultat de gaz se dégageant de la décomposition cadavérique, gaz qui s'enflamment au contact de l'air. Ce n'est ici qu'un phénomène physique dénommé, par le vulgaire, *feux-follets ;* tout autre est la lumière provenant d'une âme.

L'idée que nous émettons ici n'est pas nouvelle : indépendamment des Égyptiens, nous pourrions citer les Babyloniens, les Chanaéens, les Perses qui professaient la même croyance.

Les Juifs, eux aussi, dans la Kabbalah, font le rapprochement suivant entre l'âme et la lumière :

« Les kabbalistes disent que l'âme se partage en étincelles et que par chaque partie il en est exactement de même que lorsqu'on allume une lumière à une autre; que de même chaque étincelle peut se communiquer à un corps autant de fois qu'il se trouve de corps pour recevoir une âme (1). »

Eliphas Lévi est plus explicite encore; il dit (2) : « Car nos âmes séparées de nos corps ressemblent à des étoiles filantes : ce sont des globules (3) de lumière animée qui cherchent toujours leur centre pour retrouver leur équilibre et leur mouvement; mais elles doivent avant tout se dégager des étreintes du serpent, c'est-à-dire de la lumière astrale non épurée qui les entoure et les captive (4) tant que la force de leur volonté ne les élève pas au-dessus. L'immersion de l'étoile vivante dans la lumière morte est un affreux supplice, comparable à celui de Mézence. L'âme y gèle et y brûle à la fois et n'a d'autre moyen de se dégager que de rentrer dans le courant des formes extérieures et de prendre une enveloppe de chair, etc., etc. »

Par tout ce qui précède et par la quantité d'autres travaux que nous pourrions mentionner, on voit que l'âme humaine est généralement considérée comme un brillant foyer, comme une flamme échauffante et éclairante. Ceci explique jusqu'à un certain point que de toute antiquité,

(1) Einsenmenger, II, p. 954.
(2) Tome Ier, DOGME, l'*Astrologie*, p. 319 (2e éd.), 1861.
(3) Il faut attacher à ce mot le sens de *petit globe*.
(4) Il faut attacher à ce terme le sens de *capter, prendre*.

chez un très grand nombre de peuples, on ait adoré le Soleil soit comme Dieu, soit comme intermédiaire de la Divinité.

Le Soleil, en effet, pourrait bien n'être que la réunion, l'agglomération de purs esprits. Cette hypothèse, qui peut paraître bien osée en la présentant *ex abrupto* et sans commentaires, devient admissible, logique même, si on veut bien l'étudier.

L'âme humaine, bien des personnes aujourd'hui le savent, est composée, formée de l'*aither* ou substance primordiale (akasa) sorte d'électricité qui éclaire et qui réchauffe ; de tout temps, les initiés ont connu ce fait que l'âme, dans certaines circonstances, peut se montrer, se mouvoir sous la forme d'une boule ou plutôt d'un disque lumineux. Donc une grande réunion d'âmes peut former un puissant foyer de lumière et de chaleur ; dès lors, on peut très bien admettre que le Soleil, composé d'une agglomération de purs esprits, beaucoup plus épurés et partant beaucoup plus lumineux que l'âme humaine, soit un monde supérieur au nôtre. L'âme humaine, en effet, serait un intermédiaire entre les âmes des esprits des eaux et des âmes des esprits du feu. Ceux-ci seraient même les créatures les plus élevées dans l'échelle des êtres.

« Le feu a été la cause première du Cosmos.

Dieu, a dit l'initié Moïse, Dieu est un feu consumant. Ce feu, bien différent du feu élémentaire, qui n'est que son symbole, a une nature visible et une nature mystérieuse. Cette nature occulte, secrète, se dérobe sous l'apparence visible, sous la manifestation matérielle. L'apparence visible, à son tour, se dérobe sous la nature occulte. Autrement l'Invisible est visible aux Voyants. Le Visible est invisible aux profanes. C'est-à-dire que les profanes ne savent pas distinguer l'Esprit sous la forme. Les Védas enseignaient déjà ce dogme originaire, quand ils parlaient d'*Agni*, le feu suprême. Ce feu de Simon (le Mage), c'est le feu d'Empédocle ; c'est celui de l'antique Iran. C'est le buisson ardent de la Genèse. C'est encore l'Intelligible et le sensible du divin Platon, la Puissance et l'acte du profond Aristote. C'est enfin l'Étoile flamboyante des Loges maçonniques.

« Dans les manifestations extérieures du Feu primordial sont renfermées toutes les semences de la matière. Dans sa manifestation intérieure évolue le monde de l'Esprit. Donc ce feu contenant l'Absolu et le Relatif, la Matière et l'Esprit, est à la fois l'Un et le Multiple, Dieu et ce qui émane de Dieu. Ce Feu, cause éternelle, se développe par émanation. Il devient éternellement. Mais se développant, il demeure, il est stable, il est permanent. Il est celui qui EST, qui a ÉTÉ et qui SERA, l'Immuable, l'Infini, la Substance (1)!

Cette idée que Dieu et le Feu revient trop souvent dans toutes les théogonies pour ne pas mériter de fixer notre attention, disons mieux pour ne pas être prise en sérieuse considération.

Mais nous n'insisterons pas en ce moment sur cette grave question qui mériterait de très longs développements pour être élucidée, et nous nous occuperons de pérégrinations de l'âme et de la doctrine de la réincarnation chez les Égyptiens.

Le *Livre des Morts* nous a donné déjà des renseignements fort utiles au sujet des pérégrinations de l'âme; le *Livre des respirations* nous en fournira sur la Réincarnation.

(1) Jules Doinel dans la *Revue Théosophique*, t. II, p. 245.

CHAPITRE XX

RÉINCARNATION

Le dogme de l'Immortalité de l'âme et celui des transmigrations étaient tout à fait distincts chez les Égyptiens. La réincarnation dans des existences successives est exposée d'une manière évidente dans le *Sin-sin* (en égyptien *Sha-en*), c'est-à-dire dans le *Livre des respirations*, composition religieuse, écrite en écriture hiératique et qui a été publiée par Vivant Denon dans son *Voyage en Égypte*, pl. 136 (1). Comme le lecteur va le voir par l'analyse succincte d'une partie que nous allons en donner, cet écrit a des analogies frappantes avec le *Livre des Morts*, principalement avec les chapitres LII à LXX. On plaçait le *Sin-sin* auprès de la momie avec un

(1) Le *Sin-sin* a été écrit par un prêtre d'Ammon du nom de Hor-sa-Aset (Horus, fils d'Isis) ; il a été réédité et traduit par Brugsch sous le titre de *Sai an Sin-sin* et publié à Berlin en 1851. J. de Horrack a traduit le même texte et l'a analysé en un volume in-4°, avec 7 pl. (Paris, 1877). Ajoutons que cet auteur a fait son étude d'après le papyrus même du musée du Louvre. La rédaction de cet écrit est attribuée à Thoth même.

exemplaire du *Livre des Morts* et du *Livre des étapes de l'éternité.*

Ce livre (le Sin-sin), dit le texte, fut composé par Isis pour Osiris, afin de ranimer son corps et rendre la vigueur de la jeunesse à tous les membres divins du corps de son frère, afin qu'il fût réuni au Soleil son père, la lumière divine, que son âme s'élève au ciel dans le disque même de la Lune et que son corps resplendisse dans la voûte du ciel, comme la constellation Sahu (c'est-à-dire Orion). Que par lui, le prophète d'Ammon-Ra, Hor-sa-Aset, prenne une forme, de même que s'il était dans les champs Élysées. Cache ce Livre. Cache-le ! Ne le communique à quiconque. Son éclat est seulement destiné au mort dans l'Amenti, afin qu'il revive des vies très nombreuses dans le vêtement de l'innocence (c'est-à-dire dans sa forme astrale).

Allons, Osiris Hor-sa-Aset, tu es pur, ton cœur est pur, tes parties antérieures sont pures et ta partie postérieure purifiée ; ton intérieur est lui-même rempli de matières purifiantes (c'est-à-dire d'aromates, de natron, d'huile de cèdre, etc.)

Osiris Hor-sa-Aset a été purifié par la lotion des champs de Notep, située au nord des champs de Sanehemu.

Les déesses *Uati* et *Necheb* l'ont purifié dans la huitième heure du jour et la huitième heure de la nuit. Ainsi arrive, Osiris Hor-sa-Aset, entre dans la salle de la *double vérité* ; tu est purifié de tout péché et de toute mauvaise action : *Pierre de Vérité* est ton nom (1).

Allons, Osiris Hor-sa-Aset, entre au *Duaut*, entre dans ta grande pureté. Les deux déesses de Vérité t'ont purifié dans la salle du Dieu de la terre, tes membres l'ont été dans la salle du Dieu de l'air. Tu as la faculté de contempler comment Ra, en tant que Toum, se livre au repos. Ammon te donne le souffle, Ptah la forme, et avec Ra, tu t'avances vers l'horizon (vers l'Occident). Ton âme est divinisée dans la demeure de Qeb (le dieu Temps, le *Chronos* des Grecs), tu es bien heureux.

Allons, Osiris Hor-Sa-Aset, ton nom et ton corps restent et ton Sahu divin germe !... Tu es ressuscité... Les parties de ton corps se matéria-

(1) Dans la morale Égyptienne la VÉRITÉ joue un très grand rôle. «La lumière, dit Eugène Grébault (*Hymne à Ammon-Ra*), est l'instrument dont le dieu se sert pour communiquer à la matière inerte ce *vrai*, dont il est la source unique. Comme en venant dans son soleil pour vivifier le monde et lui apporter la vérité (*Ma*), il le divise en deux régions, la vérité est double : il y a la *Ma* du Midi et la *Ma* du Nord. La double vérité est identifiée quelquefois avec les deux yeux du soleil, desquels jaillit la lumière du Midi et la lumière du Nord.» Ceci explique donc parfaitement cette expression : Entre dans la *salle de la double vérité,* ainsi que ce qui suit de notre analyse du *Livre des respirations.*

lisent dans ta forme corporelle ; tu manges avec ta bouche, tu vois avec tes yeux, tu entends avec tes oreilles, tu parles avec ta bouche, tu marches avec tes jambes. Ton âme est divinisée dans le ciel pour accomplir toutes les existences (les transformations) qui te plairont. Tu peux respirer sous l'arbre sacré, sous le Perséa, etc., etc.

Ce livre avec la prière des morts, qui le termine, témoigne d'une façon évidente de la croyance des Égyptiens dans la réincarnation ; les passages suivant le prouveront à nos lecteurs :

« Dans tous les lieux qui te plairont ton âme de nouveau respirera..... Ton âme vit, tu accompagnes Osiris. De nouveau tu respires dans Rosta (?)... Ton âme vit tous les jours dans Tatton et dans Sensaour, ton âme vit tout le jour dans la région supérieure.....

« Allons, Osiris Hor-sa-Aset, ton âme vit par le livre de la résurrection.... Ton cœur t'appartient ; tes yeux t'appartiennent, et chaque jour ils s'ouvrent ! Qu'Osiris Hor-sa-Aset soit reçu dans l'autre monde, que son âme puisse y vivre encore et toujours ; que le *Ka* (1) soit récompensé dans son lieu de repos ; qu'enfin, il reçoive le Livre de résurrection, afin qu'il puisse se ranimer. »

(1) Ce terme égyptien *Ka* signifie périsprit, corps astral.

CHAPITRE XXI

DEUILS, FUNÉRAILLES; EMBAUMEMENT

Au sujet du deuil, des funérailles et de l'embaumement des cadavres chez les Égyptiens, voici ce que nous apprend Hérodote (1) : « Ils observent dans les deuils et dans les funérailles diverses cérémonies singulières ; quand un homme quelque peu important vient à mourir, toutes les femmes de la maison se couvrent la tête et même la figure de boue (2) ; ensuite abandonnant le corps du défunt, elles sortent pour parcourir la ville, le haut de leurs robes replié dans la ceinture, le sein découvert et se frappant la poitrine ; toutes les parentes du mort se joignent à elles. Les hommes font la même chose de leur côté, avec leurs vêtements également relevés dans la ceinture, et après cette première cérémonie, portent le corps à embaumer.»

Ce récit d'Hérodote constituait chez les Égyptiens la scène dite : *Première manifestation de la*

(1) Liv. II, LXXXV.

(2) Cet usage est tellement enraciné qu'encore aujourd'hui, les femmes coptes ont l'habitude dans le deuil de se barbouiller la figure de boue.

douleur, après laquelle le corps du défunt était livré aux embaumeurs, artisans qui appartenaient à la classe sacerdotale ; c'était les *Chlochytes*, les *Paraschites* et les *Taricheutes*, ils occupaient un rang inférieur dans la hiérarchie sacerdotale, nous l'avons vu précédemment.

Les Taricheutes lavaient et nettoyaient le corps, les Paraschites ouvraient le ventre pour en extraire les viscères et les intestins, enfin les Chlochytes terminaient la préparation de la momie et plaçaient les dernières bandelettes, les yeux en émail et le masque, s'il y avait lieu.

La famille du défunt traitait avec ces artisans du prix de l'embaumement, car suivant la simplicité ou la magnificence de celui-ci le prix était extrêmement variable.

Le procédé le plus simple consistait à purger avec des drogues à bas prix, l'intérieur du ventre, à le vider, à faire dessécher le corps entier pendant soixante-dix jours en le plongeant dans le *Natron*, ensuite on enveloppait le corps dans un linceul de toile grossière, cousue à grands points autour du cadavre desséché, qui était alors déposé dans les catacombes publiques. Cet embaumement rudimentaire ne représentait guère que la fosse commune de nos jours. Parfois, on étendait le même cadavre sur une planche de sycomore enveloppée également d'une toile.

Pour un embaumement supérieur, on employait l'huile de cèdre pour vider et nettoyer l'intérieur du cadavre ; c'était avec du *natron* qu'on le desséchait, puis on enveloppait chaque membre de bandelettes imprégnées d'huile de cèdre et le corps était ensuite enfermé dans une caisse à momie ou cercueil plus ou moins historié suivant le prix que les parents voulaient y mettre.

Lorsque le mort est remis aux prêtres nous dit Hérodote (1) : «ils présentent à ceux qui l'apportent des modèles en bois peints de corps arrangés de diverses façons, ils leur montrent d'abord la façon la plus parfaite employée pour celui dont il n'est pas permis de prononcer le nom (2) ; ensuite ils font voir la seconde manière plus simple, puis la troisième plus simple encore, et demandent qu'elle est celle que l'on veut qu'on emploie pour préparer le mort». Quand les parents sont convenus du prix, ils se retirent. Les embaumeurs procèdent alors à la préparation ; je vais décrire la plus parfaite : « Ils commencent par se servir d'un fer recourbé pour retirer par les narines la cervelle, qu'ils font sortir entièrement soit par ce moyen, soit en versant quelques drogues pour la faire écouler. Puis les inciseurs

(1) Liv. II, LXXXVI.

(2) N'étant pas tenu à la même réserve, nous le dirons ce nom, c'est celui d'Osiris.

(*Paraschites*) fendent avec une pierre d'Éthiopie très-aigue, le ventre vers la partie des îles et retirent par cette ouverture la totalité des intestins. Ils nettoient avec un grand soin la cavité abdominale, la lavent avec du vin de palme et l'essuient avec des aromates pilées; ils la remplissent ensuite le plus complètement possible avec de la myrrhe très pure et broyée de cassie (1) et de toute sorte de parfums, excepté de l'encens, puis ils cousent la peau pour fermer l'ouverture pratiquée par l'incision. Ce travail accompli, ils placent le corps pour le dessécher dans une saumure de natron ; le corps y séjourne soixante-dix jours (2) il n'est pas permis de l'y laisser plus longtemps. Après ce laps de temps les embaumeurs lavent de nouveau le corps et l'enveloppent de bandelettes de byssus trempées dans une sorte de gomme que les Égyptiens emploient au lieu

(1) Le cassie est la fleur d'un *mimosa* très odorant (*acacia farnesiana* qu'on dénomme encore aujourd'hui en Provence *cassie*; il fleurit d'octobre en janvier.

(2) Hérodote commet ici une erreur évidente. — Nous savons en effet, qu'un mode d'embaumement consistait à laisser le corps dans un bain de *natron* pendant soixante-dix jours. Or, ce laps de temps suffisait pour détruire complètement les chairs et la graisse et ne laissait subsister que la peau sur les os. Les opérations de l'embaumement du corps du patriarche Jacob ne durèrent d'après la Genèse (ch. I, 3) que quarante jours et les Égyptiens en firent le deuil *70 jours*. Evidemment ce chiffre de soixante-dix jours d'Hérodote, doit se rapporter à la durée du deuil.

de colle (1). Les parents viennent alors recevoir le corps et font faire une caisse affectant la forme humaine, dans laquelle ils placent la momie. Après avoir fermé cette caisse à clé, ils la déposent précieusement dans la chambre sépulcrale de la famille ou bien ils la rangent debout le long du mur. »

Au chapitre LXXXIX, Hérodote nous dit : « Quant aux femmes mariées à des hommes d'une classe distinguée, on ne les livre pas immédiatement après la mort, mais on attend trois ou quatre jours avant de les livrer aux embaumeurs et l'on observe le même délai pour celles qui ont quelque réputation de beauté ; cette précaution a pour but d'empêcher les embaumeurs d'en abuser, et elle a été prescrite depuis que l'on en a surpris un, outrageant le corps d'une femme morte récemment. Son crime avait été découvert par un de ses compagnons de travail. »

Le récit d'Hérodote n'est pas suffisamment explicite en ce qui concerne tous les détails de l'embaumement. Aujourd'hui grâce aux études et aux recherches égyptologiques, nous pouvons fournir à nos lecteurs des renseignements beaucoup plus complets et par suite plus intéressants.

Voici comment, on procédait à l'embaumement

(1) Cette sorte de gomme était le *Bitume de Judée*.

des corps des grands personnages, des hauts fonctionnaires de l'État.

Les embaumeurs avaient chacun des attributions spéciales : les *taricheutes* après avoir lavé le corps, nous l'avons vu, étaient chargés d'extraire entièrement le cerveau par les narines ; ils employaient à cet effet un fer recourbé ou de toutes petites pinces courbes fabriquées spécialement pour cet usage.

Les mêmes embaumeurs sortaient également les viscères et les intestins, au moyen d'une incision pratiquée sur le côté (flanc gauche). — Ajoutons que cette incision pour extraire les entrailles n'était pas de rigueur pour les embaumements de première classe ; en effet de riches momies n'en montrent aucune trace ; tandis que parfois des embaumements très ordinaires témoignent de cette incision dans leur momie.

Le scribe avait soin de tracer à l'encre la place et la longueur de cette incision qui était pratiquée par le Paraschite (opérateur) au moyen d'une pierre d'Éthiopie tranchante (1).

Le Taricheute qui était chargé de retirer les entrailles et les intestins du cadavre était revêtu du costume symbolique ; il avait la tête coiffée par celle du chacal, emblême d'Anubis gardien

(1) Hérodote, II, LXXXVI : cette pierre d'Éthiopie était l'*Obsidienne*.

de l'hémisphère inférieur ; il plongeait son bras droit dans le bas ventre et la poitrine pour en retirer les intestins qui recevaient ultérieurement une préparation et étaient placés dans des vases (canopes), mais avant de les y mettre, l'un des Taricheutes, en élevant ces entrailles vers le Soleil, prononçait une prière que nous a conservée Porphyre (1). Le mort en s'adressant au Soleil disait que sa vie avait été exempte de crimes et que s'il avait péché en quelque chose en mangeant et en buvant, c'était par cette partie de lui-même, sortie maintenant de son corps.

D'autrefois, suivant Hérodote, les entrailles du cadavre étaient enfermées dans un coffret, qu'on jettait dans le Nil ; c'est ce qui explique l'absence de canopes dans bien des tombeaux.

Pour opérer leurs travaux, les embaumeurs étendaient le cadavre sur un banc de bois dont les pieds et le dossier affectaient la forme de jambes et de tête de lion. Ils commençaient par épiler minutieusement le corps, ils le lavaient à grande eau et le soumettaient ainsi préparé à l'action de sels chimiques, dont nous ne connaissons guère que le principal, le nitre (*natron*) qui avait la propriété de dessécher les muscles et la chair ; avant de pratiquer cette dessication,

(1) *De abstinentia.*

on introduisait dans les cavités de l'abdomen et de l'estomac, de la myrrhe, de la canelle et d'autres aromates ; on injectait dans la boîte cranienne du bitume liquide très chaud, qui durcissait en se refroidissant. Ces diverses opérations accomplies, on plongeait le corps dans un bain de *natron* ; puis on badigeonnait tout le corps avec du bitume liquide, afin de le soustraire aux variations de température et surtout à l'humidité. C'est après ces diverses opérations que les chlochytes commençaient à poser les bandelettes qui baignaient, avant leur emploi, dans un liquide odoriférant et insecticide. Ils enveloppaient d'abord chaque doigt des pieds et des mains, après avoir recouvert d'une couche d'or ou seulement de *henné* les ongles. Parfois même, les doigts des mains étaient enfermés dans de véritables étuis d'or. Ils posaient ensuite les bandelettes aux pieds, aux mains, aux bras, aux jambes, aux cuisses, sur tout le corps enfin ; de ces bandelettes quelques-unes mesuraient plusieurs mètres de longueur, elles enveloppaient de leur circonvolutions, le corps tout entier et par leur épaisseur distribuée avec art, elles rétablissaient les formes du corps détruites par la dessication. Les momies thébaînes se distinguent des autres par un entrelacs de bandelettes fort bien agencé.

Généralement les embaumeurs paraissent avoir

attaché une grande importance aux bandelettes ; c'étaient elles, en effet, qui devaient préserver le plus efficacement les momies contre la destruction par suite de leur immersion dans des liquides insecticides. — Aussi voit-on des momies et des plus riches, enveloppées d'une si grande quantité de bandelettes que la forme du corps disparaît entièrement ; ce n'est plus qu'une sorte de pyramide quadrangulaire tronquée.

Dans certaines momies, l'étoffe employée pour ces bandelettes ne mesurait pas moins pour une seule momie de 250 à 300 mètres carrés et la longueur des bandes de 7 à 8 centimètres de largeur, atteignait 380 mètres, le poids total de la momie, ainsi empaquetée pesait jusqu'à 105 ou 106 kilogrammes.

Dans les sépultures de la XXIe et de la XXIIe dynastie, on trouve placées sur la poitrine des momies, au-dessus des bandelettes, des *étoles* ou *bretelles* en cuir gauffré.

Ces bretelles de momie sont en relation évidente avec *Khem*, ce dieu de la génération, puisque les dessins estampés sur leur cuir montrent constamment des scènes d'adoration et d'offrande à cette divinité ithyphallique, dénommée également Ammon-Générateur, comme nous l'avons déjà vu souvent.

Souvent les couvercles des cartonnages et des caisses à momies portent des figures ou reproductions de ces bretelles ; on les voit soit croisées sur la poitrine, soit formant sous l'aspect d'un ruban flottant une sorte d'appendice au pectoral, qui encadre quelque représentation religieuse, au centre desquelles se trouve souvent un scarabée ; celui-ci est en terre cuite ou en pierre émaillée (1)

Parfois, les yeux d'émail, cerclés de bronze étaient placés dans l'orbite des yeux de la momie, la figure était entièrement dorée, ou portait un léger masque d'or. Ajoutons qu'on retrouve souvent sur les momies des masques en cartonnages

(1) Les momies renferment des scarabées en grand nombre, soit comme châton de bagues, soit comme colliers ; souvent à la place du cœur, on retrouve de gros scarabées en pierre dure, sur lequel est gravé le chapitre XXX du *Livre des Morts*; ainsi conçu : « Mon cœur qui me vient de ma mère, mon cœur nécessaire à mon existence sur terre, ne te dresse pas contre moi, ne témoigne pas en adversaire contre moi parmi les divins chefs, au sujet de ce que je fais devant les Dieux, ne te sépare pas de moi devant le dieu grand Seigneur de l'*Amenti*. Salut à toi, ô cœur d'Osiris, résidant de l'Ouest ; salut à vous entrailles, salut à vous Dieux à la barbe tressée, augustes par vôtre sceptre, etc.

Ce qui explique la fréquence des scarabées parmi les momies, c'est que ce coléoptère est considéré comme le symbole de la transformation ; du reste en écriture hiéroglyphique, le scarabée représente le mot *kheper* (devenir, prendre forme). Les anciens Égyptiens voyaient dans cet emblême la négation de la mort. C'est ce qui explique les énormes quantités de scarabées trouvés au milieu des momies.

(toiles agglutinées) en cire, en verroteries, en bois peint, en bois noirci, avec des yeux de verre, on cherchait même à donner à ces masques, si nous nous en reportons à de Rougé, la ressemblance du défunt, cet auteur ajoute (1) : « les cercueils du roi Antew montrent que dès la plus haute antiquité, quelques-uns de ces masques furent dorés, ornés d'yeux incrustés en émail. L'usage des masques composés d'une feuille d'or, remonte au moins à la XVIIIe dynastie. Les masques, en cartonnage doré furent usités dans tous les temps. Les masques, auxquels on a donné à la peau une couleur rose, sont beaucoup plus récents ; plusieurs masques de femmes de cette couleur sont coiffés d'ornements étrangers à l'Égypte ; ce sont des monuments Gréco Égyptiens, ainsi que les masques en cartonnage doré du même style. Des portraits peints remplacèrent les masques de l'époque Romaine. »

Les masques de momies étaient parfois recouverts de plusieurs doubles d'une fine toile de lin ; le premier morceau de toile était agglutiné sur la peau même de la face à l'aide du bitume, les autres étaient collés au-dessus les uns des autres ; cette superposition avait pour but de renforcer les traits de la momie amoindris par la dessication.

(1) *Notice des monuments du Louvre.*

Du reste au-dessus de ces toiles superposées, on modelait souvent au plâtre, la figure du défunt. Quand la momie est celle d'un homme, on voit une barbe tressée attachée au menton, quand la momie au contraire, est celle d'une femme ou d'un adolescent, naturellement elle ne porte pas de barbe.

Beaucoup de momies ont des colliers, des bagues aux mains et des bracelets aux bras ; elles sont entourées de scarabées en terre cuite vernissée ou émaillée, en *porcelaine*, en améthyste, en en jade ou autres pierres précieuses, enfin en or et en argent. Les Égyptiens nommaient ce dernier métal *or blanc*, il reçut aux basses époques des dénominations diverses (1). — Sur ces riches momies, les colliers sont généralement en or, sur les momies de conditions ordinaires, ces mêmes colliers sont composés de grains et de cylindres de verroteries, d'ambre, le tout entremêlé de scarabées ou de figures de divinités en terre cuite émaillée.

La position des bras de la momie était déterminée par une règle à peu près constante, ce qui permet de reconnaître encore à première vue, le sexe de la momie ; les hommes et les jeunes enfants avaient assez généralement les bras placés

(1) En sanscrit le nom de ce métal signifie *blanc*, son nom grec *arguros* vient d'*argos*.

le long des flancs et la bouche entr'ouverte, les femmes d'un certain âge avaient les bras croisés sur la poitrine ou bien un bras replié sur la poitrine (le bras gauche) et le bras droit allongé le long du corps ; les bras des jeunes filles, des vierges, étaient étendus sur le ventre, les mains croisées au-dessous du pubis.— Les mains des momies sont souvent allongées, c'est-à-dire ouvertes, mais quand l'une d'elles est fermée, elle contient presque toujours des amulettes.

Les momies dans leur boîte ou gaîne ont le cou appuyé sur un chevet ; c'est une sorte de demi carcan monté sur un pied, ces chevets sont encore en usage dans bien des contrées orientales, notamment à Alexandrie, au Caire, et dans bien des régions Africaines.

La momie ainsi conditionnée était placée dans un cartonnage en forme de gaîne, lequel cartonnage était fait au moyen de papier (*papyrus*) et de toile. recouverts de plâtre blanc, sur lequel, on appliquait de la peinture et de la dorure ; les représentations peintes ont trait aux obligations de l'âme, à ses visites aux Divinités, à ses pérégrinations dans les champs de l'Amenti, etc., etc. ; sur le milieu de la boîte se trouve souvent une inscription hiéroglyphique perpendiculaire, qui contient le nom du défunt accompagné quelquefois de celui de son père, mais toujours de celui de sa mère ou de sa femme ; ainsi que les titres ou qualités du défunt. Le cartonnage enveloppe au-dessus la momie toute entière et au-dessous une cordelette ou lacet, rapproché maintient les extrémités du cartonnage. Ainsi disposée, la momie était placée dans un cercueil. — Ceux-ci sont ordinairement en bois de cèdre ou de sycomore, ou souvent en simple cartonnage très épais ; ils sont faits de deux pièces : le fond et un couvercle. Des peintures intérieures et extérieures les décorent, elles représentent les scènes funéraires, dans lesquelles le nom du défunt se trouve fréquemment écrit. On y voit aussi l'âme faire des offrandes à la divinité. Ces cercueils sont enfermés dans un second et parfois dans un troisième de grandes dimensions, ils sont tous recouverts d'inscriptions et décorés de peintures. La momie ainsi triplement enfermée était placée dans une chambre sépulcrale et parfois celle des rois ou autres grands personnages reposait dans un sarcophage de granit ; mais dans tous les cas, on plaçait auprès de la momie des offrandes et parfois les images de la dignité ou les instruments de la profession du défunt : des coudées pour les architectes ou les géomètres, des palettes ou des écritoires pour les scribes, etc.

Dans le cercueil de la reine *Aah-hotep*, Mariette Bey a découvert une barque en or massif, dont il donne cette description : « Portée sur un chariot à roues de bronze, sa forme rappelle celle des caïks de Constantinople et des gondoles de Venise. Les rameurs sont en argent massifs. Au centre, se tient un petit personnage armé d'une hâche et d'un bâton recourbé. A l'arrière est le timonier qui dirige la barque au moyen d'un gouvernail ; à l'avant, un chanteur debout, règle la cadence des rameurs. »

Cette barque était un symbole destiné à rappeler le voyage que le défunt devait accomplir par eau dans l'autre monde. On plaçait également dans les cercueils des vases et des figurines, principalement des figures de *Répondants*. On nommait ainsi, ou *figures d'ommission*, des représentations en diverses matières de l'image d'un mort enveloppé dans sa momie. On déposait ces emblèmes également dans les tombeaux comme compensation des cérémonies, offrandes et prières que la famille avait négligé d'accomplir à l'égard du défunt. — Quand ces figures sont de petites proportions, on n'y lit que le nom et la profession du défunt, accompagnés souvent de la formule mystique : *Illumination de l'Osiris* N, ou bien que l'Osiris N devienne bientôt pur esprit.

Ces figurines sont en terre cuite émaillée d'un beau vert bleu (*pers*), parfois rose très pâle ; les premières peuvent remonter à une très haute antiquité. Quand ces figurines sont au contraire d'assez grandes proportions, on y lit, souvent ce fragment du chapitre VI du *Livre des Morts*, qu'on trouve également inscrit sur certaines gaînes des représentations d'Isis, *qui chasse les mauvais esprits.*

« O répondant que voici, comptez en faveur de l'Osiris N pour toutes les offrandes qui n'ont pas été faites dans le tombeau. Ne punissez pas les fautes de chacun jusqu'à sa confusion. Permettez que je vous parle et que je vous prie ; toujours de bonne volonté ; ne changez pas en poussière des champs et en herbe des eaux, les libations, tout en détournant l'encens de l'Occident à l'Orient. Permettez que je vous parle en faveur de l'Osiris N. »

Mais il nous faut ajouter, que cette formule varie suivant l'exemplaire du *Livre des Morts ;* ainsi dans la traduction faite par M. Pierret, on lit pour le même chapitre VI : « O métamorphosés ! Si cet Osiris N, est jugé digne de faire dans la région inférieure, tous les travaux qui s'y font, alors lui est enlevé tout principe mauvais comme à un homme maître de ses facultés. Or moi je vous dis : Jugez-moi digne pour chaque journée qui s'accomplit ici de fertiliser les champs, d'inonder les ruisseaux, de transporter le sable de l'Ouest à l'Est; or, je vous dis cela moi, l'Osiris N. »

On plaçait auprès des momies, des amulettes ou talismans, parmi ceux-ci, nous devons mentionner une colonnette s'épanouissant en fleur de lotus, colonnette en feldspath (*pierre verte*) ou en pâte de verre vert, car cet amulette reproduit l'hiéroglyphe exprimant toute idée de végétation verte ou verdoyante, c'est-à-dire florissante et prospère. Souvent ces colonnettes sont recouvertes d'inscriptions dont le texte est emprunté au *Livre des Morts*, par exemple au chapitre CLX; ainsi conçu : « Je suis la colonnette de spath vert que donne Thoth à ses adorateurs et qui déteste le mal. Elle est saine, je suis comme elle.... Elle ne blesse pas. Thoth dit : Le Grand est venu en paix dans Pa. Shou marche vers lui, en son nom de Spath vert. Sa demeure est achevée, le dieu grand y repose.... Les membres de l'Osiris N ne seront pas attaqués (des vers). — A dire sur une colonnette de spath vert sur laquelle ce chapitre sera écrit et qui sera placée au cou du défunt.

Pour donner une idée de la richesse qui entourait les momies royales, nous ne saurions mieux faire que de consigner ici quelques détails très authentiques sur l'aspect que présentait une momie royale antérieure aux rois pasteurs

(*Hycsos*) ; ils nous sont fournis par un papyrus judiciaire, connu sous le nom de *Papyrus Amhurst;* c'est le récit d'égyptiens qui avaient pillé une tombe royale, M. Chabas en a donné dans ses *Mélanges* (1), la traduction suivante : « Nous ouvrîmes les cercueils et les coffres funéraires, dans lesquels ils étaient. Nous trouvâmes la momie auguste du roi qui était près de la *Khopesch* divine, et un nombre considérable de talismans et d'ornements d'or étaient à son cou. La tête était recouverte d'or par dessus et la momie auguste du roi était entièrement garnie d'or. Les cercueils était revêtus d'or et d'argent en dedans et en dehors et couverts de toute espèce de pierreries. »

Cette sorte d'inventaire d'époque pharaonique peut témoigner que les violateurs de sépultures égyptiennes datent de fort loin et que celles que nous avons violées dans ces derniers temps ne sont pas, tant s'en faut, d'une richesse approchante.

Sur les caisses et sur les cercueils peints, le défunt est très souvent représenté portant sur ses épaules, une houe, un sarcloir ; parfois une *couffe* ou sac en sparterie lui pendait derrière le dos. Ce récipient servait à recueillir le grain ;

(1) *Mélanges Egyptologiques*, 4 vol. in-8, Châlons-sur-Saône et Paris 1862-74.

c'était avec ces instruments agricoles que l'Osiris devait cultiver dans les champs d'Aarou, le blé mystique de la science divine, que tout Osiris doit recueillir avant d'arriver à la perfection que nous montrent les chapitres CXLI et CXLII du *Livre des Morts*, dont voici les titres :

« Livre donnant la perfection aux mânes par la connaissance des noms des dieux du ciel du Midi et du ciel du Nord, des dieux de la double retraite, des dieux qui traversent le *Tiaou* (1), à l'usage du défunt, en l'honneur de son père ou de sa mère pour les fêtes de l'Amenti ; il lui donne la perfection dans l'esprit de Ra et des dieux, avec lesquels il doit se trouver. »

« Livre donnant la perfection aux mânes leur accordant de marcher dans la grande salle, de sortir le jour dans toutes les formes qui leur plairont, donnant la connaissance des noms d'Osiris dans toutes les demeures, où il lui plait d'être. »

Arrivons aux *Canopes*. Nous avons dit précédemment que les intestins étaient souvent placés après leur immersion dans une préparation bitumineuse liquide, dans des *Canopes*. Ces vases au nombre de quatre et faits de diverses matières

(1) C'est-à-dire le champ de la course nocturne du soleil, ou hémisphère inférieur, c'est-à-dire l'espace compris entre l'horizon occidental et l'horizon oriental du ciel.

étaient placés aux quatre angles du cercueil. Il y avait des canopes en albâtre, en pierre calcaire, en onyx oriental, en granit, en porphyre et en terre cuite. Ces vases affectaient la forme de cônes renversés ; ils étaient surmontés d'un couvercle formé d'une tête de femme, d'épervier, de chacal, de cynocéphale. Leur panse comporte souvent un cartouche carré avec plusieurs colonnes perpendiculaires d'hiéroglyphes ; ce sont des prières que le mort (l'Osiris) adresse aux quatre divinités, sous la protection desquelles sont placés les vases — canopes et qui sont : Isis, Nephthys, Neith et Selk ; quatre génies étaient également considérés comme protecteurs des mêmes vases, on les nomme : Amset, Hapi, Duamantew et Kebshennow ; Amset à tête d'homme était le gardien de l'estomac et des gros intestins ; Hapi à tête de cynocéphale était le gardien des petits intestins, Duamantew ou Tiammantef qui avait une tête d'épervier gardait le cœur et les poumons, tandis que Kebshennow à tête de chacal gardait le foie.

Indépendamment de l'idée religieuse qui s'attachait à la conservation du cadavre, nous devons dire ici, que la momification présentait encore cet avantage qu'elle empêchait les épidémies et les pestes de naître et de se propager sous ce climat brûlant.

La peste, en effet, comme le fait observer le docteur Pariset, n'a été connue en Égypte qu'à partir du VIe siècle de l'ère vulgaire jusqu'à la fin du XVIIIe siècle ; or c'est depuis le VIe siècle que les Égyptiens ont cessé de momifier leurs morts par suite des prédications chrétiennes des Pères du Désert dans la vallée du Nil. Antoine dit *le saint*, qui mourut en l'an 356, défendit aux chrétiens, et cela sous peine de damnation éternelle, d'embaumer les corps de leurs parents comme le faisaient leurs ancêtres ; on ne momifie plus, aussi la peste à bubon fit son apparition en Égypte, en l'an 543, et ravagea toute l'Europe ; et chaque année elle sévissait avec une grande intensité, après la retraite des eaux de l'inondation. — On voit donc que la religion Égyptienne secondait l'hygiène et la salubrité en ordonnant la momification des cadavres.

Aujourd'hui, si l'Égypte ne donne plus la peste à l'Europe, c'est que le pays a été très assaini par de nombreux travaux notamment par le canal de Suez, cependant quand le choléra éclate en Europe, son point de départ est souvent l'Égypte. Incinérons donc les morts, c'est encore le plus sûr moyen à employer contre les pestilences cadavériques.

Après cette digression revenons aux funérailles Égyptiennes.

Après l'embaumement le défunt était livré à sa famille, qui accomplissait alors les cérémonies funèbres. La première opération, consistait dans l'ouverture de la bouche et des yeux de la momie ; cet acte s'accomplissait sous la direction du *ker-heb*, sorte de maître des cérémonies du culte ; c'était lui qui dans les cérémonies religieuses prenait la parole ; dans celle des funérailles, il lisait des extraits du *Livre des Morts*.

Quand le corps était embaumé selon les prescriptions liturgiques et sauvegardé par les prières et cérémonies religieuses, le défunt disait par la bouche du Ker-heb : « J'arrive ayant fait embaumer mes chairs. Mon corps ne se décomposera pas. Je suis intact, aussi intact que mon père *Osiris-khépra*, dont l'image est l'homme, dont le corps ne se décompose pas. Viens former mon corps en maître de mes souffles, puisque tu es le Seigneur des souffles, aussi bien que pour.... Etablis-moi, fais-moi maître de la sépulture » (1).

Le grand prêtre (*Sam*) ou l'assistant du kerheb (*Sotem*) accomplissait la cérémonie de l'ouverture de la bouche à l'aide du *Nou* instrument à lame de fer plusieurs fois coudée, qui avait un manche en ivoire ou en bois. Cet ustensile était

(1) Ch. CLIV, du *Livre des Morts*, trad. Pierret. — A partir d'ici nous suivrons dans ce qui suit la traduction du même auteur.

consacré à Anubis (en Égyptien *Anepou*), Dieu funéraire, comme Osiris, mais qui lui était supérieur dans la hiérarchie divine. Anubis, Dieu de l'ensevelissement était dit : *Présidant à l'embaumement*, *Guide des chemins*, qui *fraye les chemins d'outre-tombe*.

Pourquoi ouvrait-on la bouche de la momie ? C'était pour permettre au défunt de proférer le *Ma-kherou* c'est-à-dire la vérité de la parole.

C'était alors (après l'ouverture de la bouche) que souvent, on plaçait sur la tête du défunt une couronne funéraire de paille, *la couronne de vérité*, afin de l'investir du *Ma-kherou*, cet attribut divin que lui conférait le chapitre XIX du *Livre des Morts*, dont voici une partie : «Dit l'Osiris N : ton père Toum a disposé cette belle couronne de *vérité de parade* à ton front ; tu vis aimé des Dieux et vivras toujours, car Osiris résident de l'Ouest a fait ta parole, être vérité contre tes ennemis ; ton père Seb t'a transmis tout son héritage. Va, commande par la vérité de la parole d'Horus, fils d'Isis et d'Osiris sur le trône de ton père Ra pour le renversement de tes ennemis.....

L'homme qui dira ce chapitre (1) après s'être purifié dans l'eau de Natron, sortira avec le jour après l'ensevelissement, il fera toutes les trans-

(1) Chap. XX, du même livre.

formations que lui suggérera son cœur, il passera à travers le feu en vérité. »

Cette première cérémonie accomplie à la maison mortuaire, la momie était déposée dans ses gaînes ou cercueils et le cortège se mettait en marche pour se rendre au lieu de la sépulture. Les parents et les pleureuses ouvraient la marche ; c'était ensuite le coffret funéraire, ou les vases canopes, la barque montée sur des roues, et dans laquelle reposait le cercueil. Devant ou derrière la barque, on voyait les sacrificateurs conduisant une génisse et un veau ; ce dernier, symbole de la nouvelle naissance qui devait donner au défunt la vie éternelle. Il y avait ensuite huit personnages ou prêtres portant des enseignes sacrées, enfin la foule des invités. Arrivé au lieu de la sépulture, les prêtres offraient un sacrifice aux Dieux et de nombreuses offrandes. Chaque prêtre lisait à tour de rôle certains passages du *Livre des Morts*, et l'un d'eux faisait des libations en l'honneur de la momie qu'il confiait à Anubis.

Dans les funérailles, le deuil se manifestait par des danses particulières un bas-relief de Saqqarah nous montre une scène que Mariette-Bey décrit ainsi (1) : « des femmes sautent avec les plus

(1) *Sur les tombes de l'ancien empire que l'on trouve à Saqqarah*, in-8° Paris 1868.

étranges contorsions ; d'autres font retentir une sorte de *tympanum*. Des hommes marchent à grands pas en agitant une tige de roseau. Ces danses funèbres sont encore pratiquées de nos jours dans la plupart des villages de la haute Égypte. Ce que le bas-relief de Saqqarah n'a pu rendre, ce sont les ululations discordantes, dont ces danses sont accompagnées. »

Ces cérémonies accomplies, le cercueil était déposé dans son tombeau, il était soit adossé à l'une des parois de la chambre sépulcrale, soit enfermé daus un sarcophage de porphyre ou de granit. — Quand le défunt était un roi ou un personnage de la famille royale c'était une pyramide qui lui servait de tombeau ; quand la momie était celle d'un haut fonctionnaire seulement, on la plaçait dans un hypogée.

CHAPITRE XXII

HYPOGÉES, PYRAMIDES, NÉCROPOLES, SPHINX

Parmi les monuments de l'Égypte, ceux qui frappent le plus d'étonnement le voyageur par leur masse imposante, ce sont les pyramides. — Leur destination a fourni matière à de nombreuses dissertations, mais aujourd'hui, on sait fort bien que ces constructions purement funéraires étaient destinées à des sépultures royales.

Hérodote qui confirme cette destination, nous donne à l'égard de ces édifices des renseignements que nous allons reproduire ici en partie, pour permettre au lecteur de se faire une idée de l'immense travail qu'il a fallu accomplir pour ériger ces constructions gigantesques.

Voici ce qu'Hérodote nous apprend relativement à la pyramide de Chéops (1) : « Il (Chéops) condamna indistinctement les Égyptiens aux travaux publics. Les uns furent contraints à tailler les pierres, dans les carrières de la chaîne Arabique et de les traîner jusqu'au Nil ; d'autres à recevoir ces pierres qui traversaient le fleuve sur

(1) T. I. liv. II, p. 246. trad. Miot, *Edition Didot*.

des barques et à les conduire dans la montagne du côté de la Lybie. Cent mille hommes relevés tous les trois mois, étaient continuellement occupés à ces travaux ; et dix années pendant lesquelles, le peuple ne cessa d'être accablé de fatigues de tout genre, furent employées à faire seulement un chemin pour voiturer les pierres, ouvrage qui ne paraît pas inférieur à l'élévation même de la pyramide..... qui coûta vingt années de travaux ..... Sur une des faces de la pyramide, on a marqué en caractères Égyptiens, la quantité de raves, d'oignons et d'aulx qui ont été consommés par les ouvriers ; et si je me rappelle bien ce que mon interprète m'a dit en me traduisant l'inscription, la dépense pour ces seuls aliments a été de mille-six-cents talents d'argent (1)..... Chéops pour subvenir à ces dépenses en vint à de tels excès, que manquant de ressources, il exigea de sa fille qu'elle se prostituât, et qu'elle lui procurât de cette manière autant d'argent qu'elle le pourrait. On ne m'a pas dit qu'elle somme, elle amassa par ce moyen d'après les ordres de son père, mais on m'a assuré qu'ayant formé le projet de laisser après elle, un monu-

(1) Bien qu'il soit difficile de déterminer exactement cette valeur en francs,on peut l'évaluer à 8,800,000 francs, le talent attique représentant une valeur de 5,500 fr. ; c'est probablement le talent attique qu'Hérodote vise dans son texte.

ment sous son propre nom, elle avait exigé que chacun de ceux avec qui elle avait eu commerce lui fit don d'une pierre, propre à être employée dans les ouvrages, qui s'exécutaient alors, et qu'elle avait fait élever avec ces pierres, la pyramide qui se trouve au milieu des trois, en face de la grande. »

Nous ne poursuivrons pas ce récit d'Hérodote, qui nous paraît un peu bien fantaisiste. Il nous paraît difficile d'admettre qu'un Pharaon ait pu exiger la prostitution de sa fille pour se procurer des ressources, surtout quand il s'agit de trouver des vingtaines de millions, car si les radis, les oignons et les aulx consommés par les ouvriers s'élevaient à près de neuf millions de francs, combien faut-il compter de millions pour payer l'outillage, la machinerie, les vêtements et autres dépenses nécessitées par ces travaux (1).

Et quel contingent aurait pu fournir la pauvre fille du Pharaon dans tout cela ?

On doit donc ranger parmi les fables ce petit conte d'Hérodote, de même que la haine que s'était attirée d'après cet auteur, Chéops, Chep-

(1) Un papyrus de la fin de la XXe dynastie, nous informe qu'on payait les ouvriers en nature, mais il nous apprend aussi qu'indépendamment des raiforts et des oignons, on leur distribuait également du blé, de la viande, des poissons, des légumes et certainement des vêtements, quoique le papyrus n'en fasse pas mention.

hrem et Mycérinus, en imposant aux Égyptiens de ces corvées considérables pour la construction de leur pyramide, nous savons au contraire que ces trois pharaons furent honorés après leur mort d'un culte tout spécial ; probablement à cause des travaux qu'ils avaient exécutés.

Mais n'insistons pas plus longtemps sur ce récit et parlons des pyramides, qui font partie de la vaste Nécropole de Memphis (1) qui s'étend des pyramides de Gizeh aux tombeaux de Saqqarah, village arabe, dont les principaux monuments sont la pyramide à degrès, les tombeaux de *Ti* (2) de Ptah-Hotep (3) enfin le *Sérapéum*, c'est-à-dire le lieu de sépulture des Apis morts pendant une longue suite de siècles.

La Pyramide de Saqqarah daterait de la seconde dynastie, de la première même, suivant Mariette (4) sa construction bien que remontant à plus de

(1) D'après de Rougé, le nom populaire de Memphis était *Menefer*, c'est-à-dire *le bon Port* mais ce terme ne figure pas dans les textes antiques.

(2) Haut fonctionnaire de la Ve dynatie.

(3) Rédacteur du *Papyrus Prisse d'Avesne*, qui était fils d'un roi de la Ve dynastie.

(4) *Itinéraire des invités du Khédive* : « Si les traditions sont vraies, si le lieu dont cette pyramide occupe le centre s'appelle *kokomé* et si le roi Ounnéphès fit bâtir cette pyramide en ce lieu, il s'ensuivrait que la pyramide à degrés remonte à la première dynastie et qu'elle est par conséquent le plus ancien monument de l'Égypte et du monde. »

6,000 ans, témoigne cependant d'un art très avancé, soit par sa superbe taille, soit par l'appareillage exact de ses énormes blocs.

La plus grande pyramide de Gizeh, dont la base est un carré de 227 mètres de côté devait mesurer primitivement 146 mètres de hauteur ; cet ensemble donne en chiffres ronds un cube de 2,577,000 mètres qui aurait pu fournir des pierres pour construire un mur de deux mètres de hauteur, un mètre d'épaisseur et 1288 kilomètres ou 322 lieues de longueur et cette énorme masse ne servait qu'à abriter une momie !

La pyramide renfermait plusieurs chambres sépulcrales et un ou plusieurs couloirs qui avaient des directions diverses, afin de déjouer les calculs coupables de ceux qui auraient été tentés de violer les sépultures.

Les matériaux employés pour la construction sont des calcaires, mais parfois l'intérieur de la chambre principale, a les revêtements de ses parois en granit ; c'est dans cette chambre que se trouve la momie pour laquelle le monument a été érigé.

L'entrée de la pyramide est toujours cachée avec le plus grand soin sur le parement extérieur qui était en pierre polie.

Parfois les couloirs qui vont d'une chambre à l'autre communiquent entre eux, mais ils sont toujours coupés dans leur parcours par des puits très profonds, creusés dans le roc même qui sert d'assise à la pyramide.

D'après Manéthon, certaines pyramides de Memphis seraient les plus anciens monuments de l'Égypte, ce qui confirmerait l'opinion de Mariette (1).

Nous venons de voir que dans la Basse Égypte, les pyramides étaient la dernière demeure des rois et des grands fonctionnaires de l'État.

Dans la Haute Égypte, les mêmes personnages ainsi que les divers membres de leur famille étaient enterrés dans des hypogées ou immenses excavations creusées dans les flancs des montagnes. L'entrée de ces hypogées était parfois visible, mais plus souvent cachée ; un simple simulacre de porte était taillée sur le flanc même du rocher. Un grand nombre de couloirs conduisait par des issues dissimulées dans la grande chambre sépulcrale, dans laquelle se trouvait ordinairement un sarcophage en granit ou en basalte. Bien des hypogées ont leurs parois latérales et même leurs plafonds couverts de sculptures intaillées et coloriées ; ces même parois sont souvent décorées d'inscriptions hiéroglyphiques. Ces peintures représentent des cérémonies funèbres, des détails sur l'inhumation, la pompe

(1) Voir la note 4 de la page 214.

des funérailles, la visite de l'âme du mort aux divinités principales, les offrandes aux Dieux, la présentation de l'âme du défunt par son génie protecteur au Dieu suprême de l'*Amenti*, enfin l'apothéose de cette même âme.

Très souvent les scènes de la vie civile figurent concurremment avec les scènes funéraires ; ce sont les travaux de l'agriculture, les occupations domestiques, des réunions de musiciens et de danseurs ; quant aux plafonds, ils sont généralement décorés de sujets astronomiques.

Dans un ouvrage intitulé : *Livre de ce qui est dans l'hémisphère inférieur* (1) nous voyons avec la description de cette région des scènes et des légendes qui étaient gravées sur les parois des tombes royales et quelquefois sur les sarcophages mêmes.

Les figures se terminent généralement à droite du spectateur par une représentation du soleil et du mort passant d'un hémisphère dans l'autre, c'est-à-dire une image du lever de l'astre et de la réincarnation de l'âme, de l'être ; celui-ci avant sa

(1) Ce livre est divisé en douze sections correspondantes aux douze heures de la nuit, durant lesquelles le Soleil qualifié par le texte de *Dieu grand*, parcourt dans sa barque divine, un certain espace des eaux de l'*Ouer-nès*. A cet espace céleste correspond le champ dénommé de l'*Aanrou* (Elysées-Égyptiens) cultivé par les mânes ou Esprits, lequel champ mesure 309 *atrou* de long sur 120 de large.

renaissance est figuré sous la forme d'une momie (Sahou) (1).

Les riches particuliers se faisaient également inhumer dans les hypogées, leur tombeau se composait d'une ou plusieurs salles funéraires, mais c'était toujours dans la dernière qu'on plaçait le sarcophage de la momie. On parvenait à la première salle par un puits de plusieurs mètres de profondeur, l'entrée des chambres était placée sur un des côtés du puits, mais toujours dissimulée soigneusement, car le même appareil en pierre régnait sur les faces du puits carré ou sur le pourtour du puits circulaire. — De cette entrée on pénétrait dans la première chambre, de celle-ci, une seconde porte également cachée donnait accès dans une seconde ou une troisième chambre, dans la dernière se trouvait, comme nous venons de le dire, un sarcophage qui contenait deux ou trois cercueils s'emboîtant l'un dans l'autre ; deux étaient en bois et le dernier en carton, constituait ce qu'on nomme la *boîte* de la momie.

Indépendamment des peintures décoratives, qui ornaient les chambres sépulcrales, on y voyait encore des figurines en bois hautes de 0,80

(1) *Sahou* était aussi le nom de la constellation *Orion*, à laquelle devait être identifié, l'*Osiris* ou défunt, d'ou le nom de *Sahou* donné à la momie.

cent., à 1 mètre ; elles représentaient la femme ou la fille du défunt apportant des offrandes dans un coffret chargé sur leur tête et dans une amphore portée à la main. Ces figures avaient chacune à côté d'elles, des barques de 0,60 à 0,65 cent.. de longueur ; l'une décorée d'un baldaquin attend la momie et pour occuper leur loisir jusqu'à l'arrivée de celle-ci, l'une des femmes coule la lessive dans une grande jarre, l'autre lave une tunique sur une planchette inclinée, à la manière de celle de nos lavandières modernes.

La seconde barque montre la momie déjà placée sous le baldaquin ; autour d'elle on voit la femme et la fille du mort, la face inclinée sur la momie elles versent des larmes abondantes et leur chevelure couvre leur visage. Leur attitude exprime la plus profonde douleur (1) ; la barque va partir sous l'effort vigoureux que se préparent à donner seize rameurs armés de leur aviron. Ils vont commencer le voyage qui doit conduire la momie à travers le lac noir qui aboutit à l'Amenti. — Enfin d'autres représentations montrent des scènes des plus variées.

L'Intérieur des tombeaux étaient garnis de meubles et d'ustensiles ayant appartenus au dé-

(1) Dans la collection de M. Ern. Gambart, on voit un tableau d'Alma Tadéma, qui représente une femme Égyptienne se lamentant ainsi sur le sarcophage de son époux.

funt, et pour lesquels, il avait témoigné pendant sa vie, une prédilection marquée ; c'étaient de petits meubles, des figurines ou statuettes d'offrandes, dont nous venons de parler.

On a trouvé dans quelques tombeaux, des boîtes pour cosmétiques, onguents, aromates, enfin de menus objets de toilette qui nous montrent des spécimens de l'ébénisterie antique. Les coffrets ou boîtes sont ouverts ou pourvus de couvercles, qui pivotaient sur une cheville ; quelques boîtes sont en ivoire sculpté ou gravé.

On voit également dans les tombeaux auprès des boîtes à momie, des écritoires et des palettes de scribe de diverses matières ; nous avons vu précédemment que les mêmes objets étaient placés parfois auprès de la momie même ; ceux-ci étaient déposés auprès du défunt, pour satisfaire à un devoir que nous trouvons consigné dans le chapitre XCIV du *Livre des Morts*, lequel chapitre contient une prière à Thoth, dieu de l'écriture, prière que devait réciter le défunt en présentant à ce dieu une écritoire et une palette ; voici d'après M. Pierret le texte de ce chapitre : « O grand voyant qui voit son père ! O gardien des Livres de Thoth, je me présente, j'arrive, j'ai mon intelligence, j'ai mon âme, je prévaux, je suis muni des écrits de Thoth. Le serpent Aker de Set, recule. J'apporte la palette, j'apporte l'écritoire, mes mains tiennent les Livres de Thoth, les mystérieuses archives des Dieux. Me voici. Je suis scribe en vertu de ce que j'ai écrit. J'apporte les impuretés d'Osiris. Les livres que j'ai faits, Thoth dit que ce sont de bons livres chaque jour. »

Toute sépulture Égyptienne possédait une chapelle extérieure (*Oratoire*) ouverte à certains anniversaires ; elle contenait des bas-reliefs, des stèles, des statues, des tables d'offrandes, etc. Les pyramides avaient des temples dans leur voisinage ; les *Colchytes* étaient préposés à la garde des hypogées, des pyramides et de leur dépendances. C'étaient eux qui étaient chargés d'accomplir les rites funéraires, tels que libations, offrandes, etc. ; ces offrandes expliquent pourquoi on a trouvé dans des tombeaux, des dattes, des grenades, des pains, des figues, des lentilles, des mâcres ou châtaignes d'eau et des fruits dénommés *kuku*, provenant de l'arbre nommé *sesilikiki*, qui ne serait autre, selon nous que le cocotier (*cocos*).

Nous ne saurions terminer ce chapitre sans parler du Sphinx, non-seulement parceque les avenues conduisant aux temples étaient décorées parfois de ces animaux symboliques, mais surtout à cause de celui situé au Sud-Est de la grande pyramide de Gizeh, dénommé *Grand Sphinx* et qui a fourni matière à de nombreuses fables, qu'il est indispensable de réfuter.

Ainsi le petit conte d'Œdipe et du Sphinx est une puérilité sans nom, qui n'a servi qu'à dénaturer le magnifique symbole que la Philosophie Grecque ne connut que du temps de Platon.

Le Sphinx, nous ne l'ignorons plus aujourd'hui, est une clef de la science occulte, dont voici l'explication : c'est un composé qui dans son unité, renferme quatre symboles : *Savoir*, *vouloir*, *oser*, *se taire*, qui forme un quaternaire occulte. C'est pourquoi le Sphinx est représenté avec une tête et une poitrine de femme : *Savoir* (intelligence), un corps de taureau : *vouloir* (avoir la force), les pattes et les griffes du lion : *oser* (audace), enfin, des ailes recouvrant les flancs de l'animal : *se taire* (voiler ses desseins jusqu'au moment propice) (1).

Le Grand Sphinx est un rocher naturel auquel on a donné grossièrement la forme de l'animal, seule la tête a été sculptée. La hauteur du colosse mesure près de 20 mètres (exactement 19 m. 97) ; sa longueur est de 39 mètres environ ; la tête a 8 mètres 50 de hauteur et la figure dans sa plus grande largeur, 4 mètres 20 ; l'oreille a 1 mèt. 80 de hauteur, le nez 1 mèt. 85 et la bouche 2 m. 32

(1) Eliphas Lévi, *Fables et Symboles*.

de largeur. Le contour de la tête mesure au niveau du front 26 mètres 40 de circonférence.— On ne saurait se faire une idée du colosse sans l'avoir vu, l'effet est fantastique, même aujourd'hui, ou il est si fortement ruiné. Quand le colosse devait être neuf, qu'un revêtement de granit modelait son corps, il devait briller au soleil d'un vif éclat, de même que les ornements symboliques qui ornaient sa tête. C'était sans doute une merveille laissant bien loin derrière elle tous les grands monuments de notre ferronnerie créés pourtant si remarquables par le puissant outillage de notre chaudronnerie moderne.

Ce colosse avait un emploi, Jamblique (1) nous l'apprend et voici ce qu'en dit Champollion-Figeac (2) : « le sphinx des pyramides a été étudié, le sable qui l'encombrait momentanément détourné, et il a été reconnu que ses colossales dimensions avaient permis de pratiquer entre le haut de ses jambes antérieures et son cou, une entrée qu'indiquent d'abord les montants d'une porte ; celle-ci conduisait à des galeries souterraines creusées dans le rocher sur une très grande distance, et enfin on se trouvait en com-

(1) Jamblique, *de Mysteriis Ægyptiorum*, in-fol. *Oxonii* 1678.

(2) *Égypte ancienne* p. 282.

munication avec la grande pyramide. Ce qui expliquerait :

1° Ce que disent les écrivains arabes, savoir : qu'il y avait plusieurs puits et galeries souterraines dépendant de la grande pyramide ;

2° Qu'il y avait dans la tête du sphinx, une ouverture qui menait à ces galeries et à la pyramide ; enfin, on comprend pourquoi on ne pouvait entrer dans la pyramide par une porte extérieure, et comment les galeries qui y étaient pratiquées étaient extérieurement fermées par une porte, et comment les galeries qui y étaient pratiquées étaient extérieurement fermées par des blocs de granit. »

CHAPITRE XXIII

LES MYSTÈRES, L'INITIATION

L'acte le plus important de la religion Égyptienne consistait dans la *Célébration des Mystères*, c'est-à-dire dans la révélation aux personnes très instruites et éprouvées d'avance, des vérités tenues cachées dans le plus profond secret des sanctuaires, c'était là, l'initiation proprement dite, la *Grande Initiation.*

Qu'étaient au juste ces Mystères, cette grande Initiation ? Malgré tout ce qu'on a écrit sur ce sujet, nous sommes bien obligés d'avouer que nous n'en savons presque rien, en tout cas, fort peu de choses.

Il est probable que les vérités révélées à l'Initié était d'abord le *Dogme de l'Unité de Dieu.*

Nous en donnerons comme preuve ce qui suit. Orphée, le plus ancien des initiés que nous connaissions et qui ait écrit sur la matière, dit dans ses vers sur les ORGYES (mystères) qu'il va parler à ceux qui peuvent le comprendre, les profanes étant exclus, car il va proclamer une grande vérité : « Considère, dit-il, le LOGOS ou VERBE DIVIN ;

ne cesse de le contempler ; dirige ton cœur et ton esprit dans la droite voie et regarde le maître du monde seul immortel, seul engendré de lui-même. Toutes choses proviennent de lui seul et il réside en elles. Invisible à tous les mortels, lui au contraire les voit tous (1).

Dans un autre fragment, Orphée nous dit que tout est dans Jov (Jovis, Jéhovah, Thoth, etc.) l'étendue éthérée et son élévation lumineuse, la mer, les terres, l'océan, l'abîme du Tartare, les fleuves, tous les Dieux et toutes les déesses immortelles ; tout ce qui est né et tout ce qui doit naître, tout est renfermé dans le sein de ce Dieu.»

Pythagore déclare que c'est dans l'Initiation qu'il a appris à connaître l'unité de la cause Première et Universelle (2).

Thalès de Milet que « Dieu est l'esprit qui forma tout de l'eau, parce que dans sa doctrine l'eau était le principe de toutes choses» (3).

Platon prétend que c'est bien à tort que la foule du peuple adore les grands Dieux ; que ces dieux sont des substances animées, distincts de la matière par leur propre essence, et dont le créateur de tout n'a nul souci à prendre (4).

(1) *In* Clément d'Alexandrie, *admonit, contra Gent.*

(2) *In* Jamblique, *de mysteriis Ægyptiorum.*

(3) *In* Ciceron ; *de nat. Deor.*, 107 — 43.

(4) Apulée, *Du démon de Socrate.*

D'après ce même philosophe, il n'est pas d'expression qui puisse donner une idée de la grandeur immense et de l'ineffable majesté de ce dieu créateur que les sages peuvent à peine comprendre en y appliquant toute leur intelligence.

Les philosophes dont nous venons de mentionner les opinions passent tous pour avoir reçu l'Initiation; Platon avait été initié aux Mystères par les prêtres de Memphis, on pourrait donc conclure de ce qui précède que l'*Initiation Égyptienne* enseignait tout simplement le dogme de l'Unité de Dieu, on y faisait aussi connaître le dogme de l'immortalité de l'âme et les divins principes de la Cosmogonie Universelle, ainsi que des notions de saine morale et de Philosophie Occulte.

Cicéron qui parle de l'Initiation en d'excellents termes, dit que c'est à bon droit qu'on désignait ces mystères, sous le nom d'*Initia*, puisqu'on y montrait les vrais principes de l'existence, qu'on y apprenait à vivre dans une douce joie et à mourir avec des espérances meilleures (1).

Mais il est permis de se demander quel genre d'initiation avaient reçu ces étrangers, car l'Initiation comprenait les *grands* et les *petits Mystères*; nous pensons que Moïse, Platon, Pytha-

(1) Cicéron, *de Legibus*. III

gore et autres personnages de l'antiquité, étrangers à l'Égypte n'ont jamais été initiés qu'aux petits mystères.

On a bien dit, que les *Vers dorés de Pythagore*, contenaient d'une manière succincte, l'initiation aux Grands Mystères, mais nous ne le pensons pas. Ces vers, comme le lecteur va pouvoir lui-même s'en convaincre, exposent tout simplement une partie de la doctrine religieuse et de la morale des Égyptiens, sous la double forme exotérique et ésotérique; mais ils ne font rien connaître de la grande initiation; nous en faisons juge le lecteur; les voici en effet, d'après la traduction de Fabre d'Olivet, qui a eu soin de nous dire : « J'ai suivi dans ma traduction, le texte grec, tel qu'il est rapporté en tête du *Commentaire d'Hiéroclès*, commenté par le fils Casaubon et interprêté en latin par J. Curterius, édition de Londres, 1673 :

VERS DORÉS DE PYTHAGORE

PRÉPARATION

Rends aux dieux immortels le culte consacré;
Garde ensuite ta foi : Revère la mémoire
Des héros bienfaiteurs, des Esprits demi-dieux.

PURIFICATION

Sois bon fils, frère juste, époux tendre et bon père
Choisis pour ton ami l'ami de la vertu,
Cède à ses doux conseils, instruis-toi par sa vie,
Et pour un tort léger ne le quitte jamais,

Si tu le peux du moins; car une loi sévère
Attache la Puissance à la nécessité,
Il t'est donné pourtant de combattre et de vaincre
Tes folles passions : apprends à les dompter,
Sois sobre, actif et chaste ; évite la colère.
En public en secret ne te permets jamais
Rien de mal, et surtout respecte-toi toi-même.
Ne parle et n'agis point sans avoir réfléchi.
Sois juste. Souviens-toi qu'un pouvoir invincible
Ordonne de mourir ; que les biens, les honneurs
Facilement acquis, sont faciles à perdre.
Et quant aux maux qu'entraîne avec soi le Destin,
Juge-les ce qu'ils sont : supporte-les et tâche
Autant que tu pourras, d'en adoucir les traits :
Les dieux, aux plus cruels, n'ont pas livré les sages.
Comme la vérité, l'erreur a ses amants :
Le philosophe approuve ou blâme avec prudence ;
Et, si l'erreur triomphe, il s'éloigne ; il attend.
Écoute et grave bien en ton cœur mes paroles :
Ferme l'œil et l'oreille à la prévention ;
Crains l'exemple d'autrui ; pense d'après toi-même
Consulte, délibère et choisis librement.
Laisse les fous agir et sans but et sans cause
Tu dois dans le présent consulter l'avenir.
Ce que tu ne sais pas, ne prétends point le faire.
Instruis-toi : tout s'accorde à la constance au temps,
Veille sur ta santé : dispense avec mesure
Au corps les aliments, à l'esprit le repos,
Trop ou trop peu de soins sont à fuir ; car l'envie
A l'un et l'autre excès s'attache également.
Le luxe et l'avarice ont des suites semblables
Il faut choisir en tout un milieu juste et bon.

PERFECTION

Que jamais le soleil ne ferme ta paupière
Sans t'être demandé : Qu'ai-je omis? Qu'ai-je fait?
Si c'est mal abstiens-toi : Si c'est bien persévère.
Médite mes conseils ; aime-les ; suis les tous :

Aux divines vertus ils sauront te conduire.
J'en jure par celui qui grava dans nos cœurs
La Tétrade sacrée immense et pur symbole,
Source de la nature et modèle des dieux.
Mais qu'avant tout ton âme, à son devoir fidèle,
Invoque avec ferveur ces dieux dont les secours
Peuvent seuls achever tes œuvres commencées.
Instruits par eux, alors rien ne t'abuseras :
Des êtres différents, tu sonderas l'essence ;
Tu connaîtras de tout le principe et la fin.
Tu sauras, si le ciel le veut, que la nature,
Semblable en toutes choses, est la même en tout lieu ;
En sorte qu'éclairé sur tes droits véritables,
Ton cœur de vains désirs ne se repaîtra plus.
Tu verras que les maux qui dévorent les hommes
Sont le fruit de leur choix ; et que ces malheureux
Cherchent loin d'eux les biens, dont ils portent la source.
Peu savent être heureux : jouets des passions,
Tour à tour ballotés par des vagues contraires,
Sur une mer sans rive, ils roulent aveuglés,
Sans pouvoir résister, ni céder à l'orage.
Dieu ! vous les sauveriez en désillant leurs yeux...
Mais non : c'est aux humains, dont la race est divine,
A discerner l'erreur, à voir la vérité.
La nature les sert. Toi qui l'as pénétrée,
Homme sage, homme heureux, respire dans le port,
Mais observe mes lois, en t'abstenant des choses
Que ton âme doit craindre, en les distinguant bien ;
En laissant sur le corps régner l'intelligence.
Afin que, t'élevant dans l'éther radieux,
Au sein des immortels, tu sois un dieu toi-même.

Voici ce que dit au sujet de ces vers, Fabre d'Olivet, au début de ses explications : « Les anciens avaient l'habitude de comparer à l'or tout ce qu'ils jugeaient sans défauts et beau par excellence : ainsi, par l'*Age d'or*, ils entendaient l'âge des vertus et du bonheur ; et par les *Vers dorés*, les vers où la doctrine la plus pure était renfermée (1). Ils attribuaient constamment ces vers à Pythagore, non qu'ils crussent que ce philosophe les eût composés lui-même, mais parce qu'ils savaient que celui de ses disciples dont ils étaient l'ouvrage, y avait exposé l'exacte doctrine de son maître, et les avait tous fondés sur des maximes sorties de sa bouche (2). Ce disciple recommandable par ses lumières, et surtout par son attachement aux préceptes de Pythagore, se nommait Lysis (3). Après la mort de ce philosophe, et lorsque ses ennemis, momentanément triomphants, eurent élevés à Crotone et à Mésapont cette terrible persécution qui coûta la vie à un si grand nombre de Pythagoriciens, écrasés sous les débris de leur école incendiée, ou contraints de mourir de faim dans le temple des Muses (4). Lysis heureusement échappé à ces désastres, se retira en Grèce, où

(1) Hierocl. *Comment. in Aur. Carmin. Præm.*

(2) Fabric. *Bibl, Græc.*, p. 460. Dacier, *Remarq. sur les comment. d'Hiéroclès.*

(3) Jamblique, De Vità Pythag. c. 30 et 33. Plutarch. de Gen. Socr. Plutarch. De Republ. Stoïc. Diog. Laërt., I, VIII, § 39.

(4) Polyb. I, II, Justin, I, XX, c. 4. Vossius, De Phil. sect., c. 6.

voulant répandre la secte de Pythagore, dont on s'attachait à calomnier les principes, il crut nécessaire de dresser une sorte de formulaire qui contient les bases de la morale, et les principales règles de conduite données par cet homme célèbre. »

Pourquoi ces vers dont Lysis est le véritable auteur, sont-ils connus et dénommés *Vers dorés de Pythagore*, c'est qu'à l'époque où ils ont été écrits par le disciple de Pythagore, l'ancien usage subsistait encore de considérer l'œuvre en elle-même et non l'individu. En effet, en ce temps-là, les disciples des grands hommes ne portaient d'autres noms que celui de leurs maîtres; dès lors par suite de cet usage, tous les ouvrages étaient attribués à celui-ci; c'est ce qui explique comment Vyasa dans l'Inde, Thoth en Égypte, Orphée et Homère en Grèce, ont été supposés les auteurs de quantité d'ouvrages, que la plus longue vie humaine n'aurait pas permis de composer.

Revenant à l'Initiation, nous dirons que même beaucoup d'Égyptiens ne pouvaient la recevoir.

Est-ce à dire que quelques privilégiés (rois et principaux prêtres) avaient seuls droit à être initiés aux grands Mystères ?

Non, tout le monde en Égypte, comme nous allons le voir, pouvait être admis à la connaissance des grands Mystères, mais non pas les étrangers, nous le supposons du moins.

Du reste, comme le fait observer Fabre d'Olivet (1) : « on ne prodiguait pas les mystères, parce que ces mystères étaient quelque chose de sacré ; on ne profanait pas la connaissance de la divinité, parce que cette connaissance existait ; et pour conserver la vérité à plusieurs, on ne la donnait pas vainement à tous. »

Ce qui veut dire qu'on ne l'accordait qu'à ceux qui la méritaient et qui pouvaient la conquérir par leur valeur personnelle. Mais tout homme quel que fut son rang dans cette société si fortement hiérarchisée pouvait se présenter à l'Initiation ; tous les sanctuaires lui étaient ouverts, il devait d'abord se faire instruire sur les petits mystères puis, d'étapes en étapes, c'est-à-dire de révélations en révélations, il parvenait jusqu'aux grands mystères et les plus grands secrets physiques et psychiques lui étaient révélés.

« Il pouvait, nous dit Fabre d'Olivet (2), descendre chez les morts, s'élever jusqu'aux Dieux et tout pénétrer dans la nature élémentaire, car la religion embrassait toutes ces choses, et rien de ce qui composait la religion ne restait inconnu au souverain pontife ».

(1) Fabre d'Olivet, Langue hébraïque restituée V. II. p. 7.
(2) *Ibidem*.

Bien que l'Initiation fut accordée à tous les Égyptiens qui la demandaient, on ne la communiquait pas indifféremment à tout le monde, pas même à tous les prêtres Égyptiens. Il existait, en effet, au sein du collège sacré, une sorte de hiérarchie, hiérarchie d'aptitude (*échelle de grades*) à chacun desquels était attachée une épreuve. Chaque épreuve donnait la mesure, la quantité d'intelligence et de force morale que possédait le *postulant* ou *néophyte* qui ne pouvait passer d'un degré à un autre, c'est-à-dire d'un grade à un grade supérieur, sans avoir complétement satisfait aux épreuves successives auxquelles il était astreint.

L'aspirant qui avait succombé dans une de ses épreuves ne pouvait la subir une seconde fois ; il fallait être admis haut la main, n'avoir aucune hésitation dans ses réponses ou dans les épreuves.

Tant pis pour l'hésitant, une épreuve déclarée douteuse l'empêchait de poursuivre la série, et l'accès de dignités supérieures lui était interdit à jamais ; il n'avait dans le sacerdoce que l'emploi ou grade que lui avait conféré l'épreuve de laquelle il était sorti victorieux.

En ce qui concerne les étrangers, quand l'un d'eux se présentait à l'*Initiation* il était soumis à une enquête rigoureuse sur ses antécédents ; si le résultat de l'enquête lui était favorable, le collège des Initiés autorisait ou refusait par un vote secret l'admission aux épreuves initiatiques.

Nous résumant sur l'Initiation, nous dirons que son origine se perd dans la nuit des temps, qu'il existait deux initiations : la petite et la grande ; que les épreuves devaient être nombreuses et qu'elles étaient subdivisées en trois sections : épreuves *physiques*, épreuves *morales*, épreuves *intellectuelles* ou *psychiques*.

Les Égyptiens à quelle classe qu'ils appartinssent, pouvaient recevoir communication des grands Mystères, mais jamais les étrangers n'étaient admis à les étudier, bien que nous sachions que Pythagore ait eu pour maître l'archi-prophète Sonchis et que Platon, d'après Proclus ait suivi pendant treize ans les enseignements des mages de Memphis qui se nommaient: Pathémeitb, Ochoaps, Etymon de Sebennithis et Sechtnouphis.

Ce qui nous confirme dans cette dernière hypothèse, c'est qu'Apulée dans ses *Métamorphoses*, nous dit fort bien que les petits mystères comprenaient l'*Initiation Isiaque* et les grands l'*Initiation des secrets d'Osiris ;* mais il observe le plus profond silence sur ce qui se passait dans cette seconde initiation.

Ne voulait-il pas, ou ne pouvait-il pas la réveler ? Ou bien encore ne la connaissait-il pas ?

Nous pensons que son silence doit être attribué à son ignorance ; il ne la connaissait pas !

Divers auteurs contemporains ont cependant fait de magnifiques descriptions d'une grande initiation ; d'autres ont dit que les initiations maçonniques sont pour ainsi dire calquées sur l'Initiation Égyptienne ; toutes ces affirmations sont loin d'être démontrées, et jusqu'ici aucun auteur n'a pu appuyer sur des preuves certaines, sur des textes authentiques, les restitutions plus ou moins heureuses de l'*Initiation antique Égyptienne.*

Tout ce qui a été fait ou dit sur ce sujet est du domaine de la fantaisie pure.

Ainsi, dans un livre bien écrit, très intéressant, mais faux d'un bout à l'autre : *Histoire de la magie*, par P. Christian, il existe, d'après Jamblique, une restitution de l'Initiation fort bien imaginée, si bien composée pourrions-nous dire, qu'on pourrait croire qu'elle est exacte, véritable et cependant tout cela n'est que rêveries d'un auteur. Du reste P. Christian fausse non-seulement l'histoire dans la première partie de son livre, mais encore dans tout ce qui suit, il induit complètement en erreur son lecteur. Rien que ce qu'il a écrit sur l'astrologie prouve surabondamment notre affirmation.

Donc, voilà un livre très intéressant, bien fait

en tant que livre, mais faux d'un bout à l'autre, par conséquent une œuvre très dangereuse pour ceux qui ne connaissent point les matières traitées dans ce volume.

Ceci bien entendu, nous allons dire sommairement, comment on procédait aux initiations. Nous nous servirons des renseignements fournis par Jamblique dans son *Traité des Mystères Égyptiens*, après avoir observé cependant que le philosophe de Chalcis vivait dans la première moitié du quatrième siècle de l'ère vulgaire, c'est-à-dire qu'il est presque un de nos contemporains pour ce qui concerne la Science Occulte des Égyptiens.

Le néophyte admis aux épreuves était conduit la nuit par deux Thesmothètes (1) devant le sphinx de la grande pyramide,mais il ignorait où il était, car dès sa sortie de Memphis,on lui avait couvert les yeux d'un épais bandeau, afin qu'il ne put se rendre compte, ni de la distance qu'il parcourait, ni du lieu dans lequel on le conduisait. Il devait du reste s'en remettre à la discrétion pleine et entière de ses deux guides ou conducteurs. Il était amené aux pieds du Sphinx colossal et l'un des guides ouvrait la porte placée entre les pattes

(1) C'étaient les premiers initiés par rang d'âge qui portaient ce nom, qui signifie : *gardiens de Rites.*

de l'animal (1) et creusée dans son poitrail même. Une fois entrés nos trois personnages se trouvaient dans un vestibule creusé dans le corps de l'animal ; de là ils parvenaient dans une vaste salle où commençaient les épreuves qui toutes étaient de plus en plus terribles, au fur et à mesure que le néophyte s'engageait dans le monument, nous ne raconterons point toutes ces épreuves, c'étaient celles qu'on fait subir aujourd'hui en partie aux Francs-maçons à quelques variantes près. Les Francs-maçons par exemple, ne font point subir l'épreuve dernière qui consistait chez les Égyptiens à entourer, à enlacer le néophyte de superbes jeunes filles qui dansaient les danses les plus lascives avec des costumes de la plus grande transparence et légèreté. Ces épreuves duraient plusieurs jours, une fois le néophyte initié, l'Hiérophante lui disait : « *Sache* voir avec justesse et *vouloir* avec justice, sache *oser* ensuite, mais sache surtout *taire* tes desseins jusqu'au moment de leur exécution. »

« Si devant ta persévérance le lendemain n'est que la continuation des efforts de la veille, marche

(1) P. Christian nous dit que cette porte poussée par un ressort secret par un des thesmothètes pivotait sur ses gonds ! Comment peut-on le savoir ! simple hypothèse ; en tous cas, cette manière d'ouvrir une porte n'est pas aussi banale que d'user d'une simple clef.

droit à ton but. Alors les sept génies (1) gardiens de la clef sacrée qui ferme le passé et ouvre l'avenir, placeront sur ton front la couronne des maîtres. »

(1) Dans la Chaldée, les sept génies se nommaient : Oriphiel, Zachariel, Samaël, Michaël, Anaël, Raphaël et Gabriel.

CHAPITRE XXIV

RÉCEPTION OU SACRE D'UNE PALLACIDE (1)

Je me nomme Mouna-Seheré. Je suis une des filles de Pamaï (2) qui succéda à Sheshank, qui règna cinquante-un an.

Dès ma plus tendre enfance mon père me destina au culte de Bapst. — Je fus élevée dans le temple de la déesse avec d'autres filles de mon âge, et quand j'eus atteint ma treizième année, je fus sacrée *Pallacide* de cette déesse solaire qui porte le titre de *Végétation des deux pays*.

Le jour de ma consécration à la déesse adorée surtout dans Bubastite (3), je pénétrais avec la grande prêtresse dans le sanctuaire ; je fus saisie d'étonnement à l'aspect de la forme figurée de la déesse. C'était une statue haute de cinq grandes

(1) Nous supposons que nous avons trouvé dans un manuscrit, écrit par la jeune fille elle-même, le récit de sa réception; bien que ce chapitre soit une œuvre d'imagination, il ne renferme que des vérités et des connaissances exactes et pour ainsi dire historiques.

(2) Prénom d'un Pharaon de la XXIIe dynastie qu'on place généralement entre Sheshank III et Sheshank IV que Chabas nomme Shëskond.

(3) Un des nomes de la Basse-Égypte.

coudées (1) ; elle était vêtue de la robe collante, tenait dans sa main droite le sistre et dans la main gauche une égide avec *Ousekh* (2), à son bras était passé un seau d'eau lustrale (3). La tête de la déesse était coiffée de la perruque à boucles carrées (4), ses oreilles portaient des pendeloques

(1) La grande coudée ou *coudée royale* mesure 525 millimètres, soit 7 *palmes* ou *28 doigts* ; la petite coudée au contraire, ne mesurait que 450 millimètres soit *6 palmes* ou *24 doigts* ; Champollion même ne lui donne que 444 millimètres ; mais c'est là une erreur.

(2) *Ousekh*, signifie collier ; les égides étaient de petits monuments en bronze formés de colliers ornementés surmontés d'une tête de déesse, leur poignée était contournée en *ménat* (ou contrepoids) sur lequel étaient gravées des représentations religieuses ; il y avait des égides en or, en argent, en cornaline, etc.

(3) Les seaux à libations jouent un grand rôle dans la religion égyptienne ; ils étaient généralement en bronze fort ornés et parfois de grandes dimensions. Il y a au Louvre un seau remarquable par les sculptures qui le décorent. Sur sa panse on y voit représenté un prêtre scribe d'Ammon et d'Osiris nommé Chapokhmis fils de Psammétichus ; ce prêtre reçoit les honnenrs funèbres rendu par son fils, prêtre d'Ammon, lequel offre l'encens à son père, lui fait les libations et récite une prière. Celle-ci est gravée à côté de la scène représentée, elle comporte plusieurs lignes, elle est en écriture hiéroglyphique. Ces seaux à libations portent aussi des légendes et des représentations tracées à la pointe sur le métal. On y voit assez souvent un arbre (le perséa) du haut duquel la déesse du ciel verse à l'âme du mort un breuvage régénérateur.

(4) Sous l'ancien empire les perruques étaient ainsi ; sous le nouvel empire les perruques étaient au contraire longues, le sommet bouclé, mais la partie qui descend sur les épaules était nattée. — Les perruques servaient de turbans véritables dans l'ancienne Égypte, car les cheveux

en or, auprès d'elle se trouvaient sur un piédestal des statuettes de *Nowré-Toum* et d'Har-pa-Khrat.

Le Dieu Nowré-Toum fils jeune de Ptah et de Seket, le grand protecteur de ce qui végète était debout sur un lion ; il était coiffé d'une fleur de lotus, d'où sortaient deux longues plumes ; sur son épaule, il portait le *Ourkekaou* (1).

Le Dieu de *l'éternelle jeunesse toujours renaissante* Har-pa-Khrat portait le doigt à sa bouche, ce qui exprime sa qualité d'Horus, enfant.

J'étais émerveillée de la richesse du sanctuaire, tout ruisselant d'or, et je ne pouvais détacher mes yeux des bas-reliefs gravés et peints sur les murs qui représentaient des scènes intéressantes que je n'aurais pu supposer exister sur les parois d'un sanctuaire. Tout le mur du fond de la *cella* (temple, sanctuaire) était occupé par un bas-relief représentant la déesse *Ritho* (2) femme du Dieu

paraissaient au-dessous d'elles ; on les voyait sur le front des femmes et des hommes, c'est ce qui explique dans les représentations les hommes et les femmes qui sont sans coiffures (couvre-chef) en plein soleil.

(1) nom du bâton magique.

(2) On la nomme aussi *Ra-toui*, elle est coiffée du disque et des cornes d'Hathor ; souvent elle est associée à *Mandou*, qu'on nomme aussi *Mentou* et *Mout*, dieu solaire ayant une tête d'épervier surmontée du disque et de deux longues plumes droites. C'est un dieu guerrier aussi a-t-il dans la main le *khopesh* ou poignard à lame courbe, ainsi dénommé à cause de la ressemblance de sa forme avec la cuisse du bœuf en Égyptien *khopesh* ; c'était l'emblème de la vaillance.

Mandou accouchant du Dieu *Harphré*. La *gisante* (accouchée) est soutenue par diverses déesses de premier ordre qui la servent avec empressement : l'*accoucheuse divine* tire l'enfant du sein de sa mère ; la *nourrice divine* tend les mains pour le recevoir, tandis qu'une *berceuse* l'assiste. Le père du Dieu Ammon-Ra est accompagné de la déesse Soven (1).

Une autre paroi de la *cella* montre l'allaitement et l'éducation du jeune Dieu nouveau-né, enfin sur les parois latérales sont figurées les douze heures du jour et les douze heures de la nuit ; ce sont de jolies femmes portant sur la tête le *houd* (2).

Le grand prêtre qui devait me consacrer au culte de la déesse entra par une petite porte placée à gauche dans le sanctuaire ; il était vêtu d'une robe de lin (3) d'une finesse, d'une légéreté et d'une blancheur incomparables ; elle avait une bordure brodée d'un dessin or et pourpre. La

(1) La déesse qui présidait aux accouchements, la lucine des Grecs et des Romains.

(2) Ou *disque ailé*, qui symbolise la marche du soleil dans le ciel ; c'est un cercle avec un point au centre, il symbolise les idées de lumière, quelques auteurs traduisent à tort houd par *disque étoilé*.

(3) L'usage des étoffes de laine était interdit aux prêtres, car la laine, le poil, le crin provenant d'un animal étaient de source impure, tandis que le lin naît de la terre immortelle.

physionomie du grand prêtre était grave et sa démarche imposante ; quand il entra dans le sanctuaire, ses bras et ses mains étaient cachés sous les plis de son vêtement ; sa tête était entièrement rasée ; il portait au cou, un collier d'or, formé au moyen de petites figures représentant des dieux et des déesses. — A ses côtés, il avait à sa droite un prêtre qui portait la palette *de scribe* (1) le *kasch* (roseau taillé, *calamus*) un papyrus vierge roulé (2) c'était le *hiérogrammate* (3).

A la gauche du grand prêtre, il y avait un autre *assistant* qui portait sur sa poitrine un pectoral en forme de *Naos* (4) renfermant le scarabé sacré, puis derrière le grand prêtre et les assesseurs, suivait une foule d'autres prêtres tous vêtus de lin et qui eux aussi portaient sur la poitrine divers attributs la *bari* (5), des images de Dieu,

(1) Ces palettes étaient ordinairement en bois et de forme rectangulaire, à leur sommet se trouvait creusés plusieurs godets destinés aux pains d'encre noire ou de couleur ; une entaille pratiquée dans le bas de la palette permettait d'y placer les roseaux ou plumes (*calami*).

(2) C'est-à-dire neuf, n'ayant pas servi.

(3) Ou *scribe sacré* ; c'est aux prêtres de cet ordre, qu'était réservée l'administration des choses sacrées. Souvent sur des bas-reliefs, on représente le *scribe*, le *calamus* à l'oreille droite ; il était revêtu du *schenti* (tunique courte) sur lequel il mettait quand il sortait du temple, *la calasiris* vêtement plus ample et plus long.

(4) Chapelle.

(5) Barque sacrée.

des emblèmes de la génération (1) et des figures d'animaux sacrés ; d'autres avaient de riches colliers à plusieurs rangs, qui ajoutaient encore à l'éclat de leurs brillants costumes ; des bagues ornaient les doigts de leurs mains, enfin ils étaient chaussés de *tabtebs* (2).

Parmi ces prêtres, les uns portaient les *amschirs* (3) ; d'autres des coffrets en bronze incrustés d'ivoire, ou en bois précieux plaqués de bois de diverses couleurs naturelles. Ces coffrets renfermaient des parfums ; leurs porteurs avaient auprès d'eux des servants qui, avec des cuilliers (4) puisaient les parfums en poudre pour les répandre sur les brûle-parfums.

Après cette classe de prêtres, venaient les

(1) Organes génitaux.

(2) Chaussures en papyrus ou en palmier ayant la forme de la plante des pieds qui se terminaient en longue pointe recourbée qu'on attachait sur le coup de pied.

(3) L'*amschir*, brûle-parfums, encensoir, était formé par le corps d'une coupe posée sur une main sortant d'une tige de lotus. Le manche des *amschirs* était en bois sculpté et le bout ou poignée était orné d'une tête d'épervier ou de tout autre animal sacré. Il y avait des *amschirs* en bronze, en argent et en or.

(4) Ces cuilliers en bois, en ivoire, en serpentine, en terre émaillée ou en pâte d'émail affectaient des formes diverses; c'étaient des bouquets, des boutons de fleurs, des fleurs, des feuilles ou corolles de lotus, une femme cueillant cette fleur ; d'autres enfin affectaient la forme d'animaux divers ; tels que chiens, oies, gazelles, oryx, etc.

Sphraghistes (1) ; les uns portaient des sceaux en bois servant à marquer les *bœufs-mondes*, reconnus propres aux sacrifices ; d'autres portaient des sceaux en terre émaillée servant à marquer les victimes de petites tailles, les oies, les veaux, etc., puis c'étaient les prêtres porteurs des couteaux de sacrifices, des tables, des vases à libation (2). Enfin en dernier lieu, on voyait les prêtres qui portaient les *vans* en bronze ou en substances ligneuses naturelles, vans qui servent à transporter l'eau du Nil utilisée dans les cérémonies religieuses. Il y avait de grands et de petits vans, mais tous également ornés.

Quand la procession des prêtres eût pénétré dans le temple au grand complet, chaque assistant vint se placer devant le siège qu'il devait occuper. Alors, le grand-prêtre regardant de mon côté (j'étais en face de lui) invoqua dans une brève prière la déesse et demanda aux dieux de répandre la lumière dans l'esprit de toutes les personnes de l'assemblée.

Après cette courte invocation, il m'adressa la parole en ces termes :

« Ma fille vous voici arrivée à un degré suffisant d'instruction, ce qui a permis à la grande

(1) Ou Scribes qui marquaient d'un sceau les victimes.

(2) Ils servaient surtout à répandre l'eau sacrée dans un grand nombre de cérémonies.

prêtresse sur le rapport favorable de votre sœur-professeur de vous proposer à l'*Initiation*.

« Le collège des prêtres tout entier, et moi son chef aimé, avons été heureux de la bonne nouvelle, aussi nous sommes-nous empressés d'accéder à la demande de la Grande-Prêtresse et de fixer votre initiation au plus prochain jour, nous avons décidé que vos épreuves seraient subies à partir de ce jour, premier de la décade du mois de Tybi (1) au signe d'Orion qui domine et influe sur l'oreille gauche, celle qui porte la parole le plus près du cœur, car tous ici désirons que vous sortiez victorieuse, déclarée savante du savoir acquis avant l'Initiation. Vos épreuves sont longues, mais pour vous faciles à accomplir. Vous pouvez donc commencer par où il vous plaira, après avoir toutefois expliqué pour les étudiants — écoutants, les heures de ce jour heureux et leur influence. Ayez confiance ! Par Maut ! (2). »

(1) Ce mois qu'on écrit aussi Tyby, Toby, etc. faisait partie de la tétraménie de l'hiver.

(2) Par Maut ! Sorte d'exclamation qui signifie, j'ai fini de parler, *j'ai dit*. Maut nous ne l'ignorons pas, était *la dame du ciel* et *Régente de tous les Dieux*, la femme du Dieu *Ammon*. Ainsi donc l'exclamation par Maut, est analogue à par Dieu, par le ciel, puisque Maut, nous venons de le voir, est la dame du ciel. Cette déesse est vêtue de la robe longue et collante, elle tient en main le signe de la vie *(croix ovoïdée)* ; elle est ordinairement coiffée du Pschent ou double diadème, qui est l'emblème de la souveraineté

Ainsi encouragée et sans émotion aucune, je dis :

— Dans l'heure première, la constellation de Sahou (Orion) (influe) sur le bras gauche ;

— Dans l'heure deuxième, la constellation de l'Étoile d'Isis (Sirius) (influe) sur le cœur ;

— Dans l'heure troisième, le commencement des deux étoiles (les gémeaux) (Castor et Pollux) (influe) sur le cœur ;

— Dans l'heure quatrième, les constellations des deux étoiles (influent) sur l'oreille gauche ;

— Dans l'heure cinquième, *les étoiles du fleuve* (influent) sur le cœur ;

— Dans l'heure sixième, *la tête du lion* (influe) sur le cœur ;

— Dans l'heure septième, *la flèche* (influe) sur l'œil droit ;

— Dans l'heure huitième, les *longues étoiles* (influent) sur le cœur ;

— Dans l'heure neuvième, les serviteurs des parties antérieures (du quadrupède) Menté (Lion) (1) (influent) sur le bras gauche ;

sur les deux régions. Dans les circonstances usuelles de la vie, au lieu d'employer la formule *par Maut*. On disait par Sesennou (par les huit) c'est-à-dire par les dieux élémentaires, dénommés les très grands de la première fois, les augustes qui étaient avant les Dieux, enfants de Ptah sortis de lui, créateurs de la création, etc., etc.

(1) Le Lion représentait en Égypte le courage royal, principalement sous la XVIIIe dynastie où beaucoup de

— Dans l'heure dixième, le quadrupède *Menté* (ou *Ménit*, le lion) (influe) sur l'œil gauche ;

— Dans l'heure onzième, les serviteurs de *Menté* (influent) sur le bras gauche ;

— Dans l'heure douzième, *le pied de la Truie* (influe) sur le bras gauche (1).

Pour compléter les idées sur les influences je dirai donc qu'en général les corps des hommes de races distinguées sont soumis aux influences suivantes :

Leur chevelure appartient au *Nil céleste*, leur tête au dieu *Ra* (soleil) (2), leurs yeux à

chatons de bague de cette époque nous montrent des représentations de Lion dans des poses différentes. Il paraît du reste que divers pharaons ont eu des lions apprivoisés, dressés pour la chasse de certains quadrupèdes et qui suivaient leur maître à la guerre. — Il existait même en Égypte une décoration dite ; *Collier du Lion*. — *Hobs*, dieu à tête de lion ne paraît qu'à une basse époque.

(1) Ces heures donnent une sorte de récapitulation des influences, qui a une certaine analogie avec la table des influences gravées sur le fameux cercle doré du célèbre Monument dénommé à tort : *Monument d'Osymandias*, qui suivant ce que nous apprend Diodore de Sicile, donnait les heures de levers des constellations avec *les influences de chacune d'elles*. — On voit par ce qui précède que l'*astronomie antique Égyptienne* était liée à l'*astrologie* ; il n'y a rien de surprenant dans ce fait, puisque dans ce pays la religion était la base immuable de toute organisation sociale.

(2) Ra signifie *faire, préparer, disposer* ; c'est Ra en effet qui a organisé le monde avec la matière que lui a donné Ptah le dieu primordial, aussi le confond-on, très souvent avec la création. — Dans son rôle de *Ptah-Sokar-Osiri* il symbolise la force inerte d'Osiris qui va se transformer en soleil levant.

Nout(1)ou bien à *Hathòr*(2),leurs oreilles au Dieu *Aphérou*,gardien des tropiques,adoré à Lycopolis; leur tempe gauche à l'esprit vivant dans le soleil ; leur tempe droite à l'esprit d'*Ammon* ; leur nez à *Anépou* fils de *Néphtys*, guide des chemins ; leurs lèvres au même *Anépou* ; leurs dents à la déesse Selk (3), leur barbe au Dieu *Ap-hérou* ; leur cou à *Isis*, leurs bras à *Osiris*, leurs genoux à *Neith*, dame de Saïs ; leurs coudes au dieu seigneur de *Ghel* ; leur dos à *Sischoi*, leurs parties génitales à Osiris ou à la déesse *Koht* ; leurs cuisses au dieu *Bulhòr* (l'œil d'Horus) ; leurs jambes à *Netphé* ; leurs pieds à Ptah ; enfin leurs doigts aux *Bonnes déesses*.

Ceci dit, je dépeindrai le *Houd* (disque ailé) qui, dans l'ordre général, symbolise *Ra* (le soleil) soit quand il est Horus (soleil levant), soit quand il est Toum (soleil couchant) ; il est aussi le dieu

(1) Nout déesse qui personnifie l'espace céleste, mais plus particulièrement la *voûte étoilée*; il ne faut pas confondre Nout avec Noubt ou Noubti qui est un des noms de Set, seigneur de la région inférieure.

(2) Mère du Soleil, on la représente nourrissant de son lait Horus et dans ce rôle, on la confond avec Isis ; mais quand elle personnifie le *beau* et le *bien*, on l'assimile avec la Vénus Aprodite des Grecs.

(3) Une des formes d'Isis; la tête de cette déesse est surmontée d'un scorpion, c'est une des quatre déesses protectrice des entrailles contenues dans les vases *Canopes* ; les trois autres déesses protectrices de ces mêmes entrailles, sont : Isis, Nepthys et Neith.

Shou (lumière) ; c'est le soleil qui apparut au commencement et qui gouverne ce qu'il fait, de sorte qu'en somme le *Houd* est la marche du soleil de l'Orient à l'Occident, c'est-à-dire d'un bout du monde à l'autre bout.

Dans l'ordre astral et dans l'ordre planétaire, le disque est l'âme même de l'homme ; que de fois l'ai-je vu quand éveillée, mes compagnes dormaient auprès de moi. Sa couleur est comme l'eau du *Hapi moyen* (1) ; suivant que cette âme appartient à telle ou telle autre personnalité à un corps *Oudja* (en pleine santé), ou à un corps débile, ses dimensions sont diverses ; mais il n'est jamais rond comme une boule ; sa forme est lenticulaire, du reste il croît et décroît sans cesse, suivant le milieu dans lequel il vole et s'agite ; il est de dimension plus ou moins considérable suivant l'état de force et de vigueur du corps terrien qu'il anime ; mais son diamètre ne dépasse jamais un demi-doigt de la petite coudée (2). Il est lumineux et il éclaire, sa lumière est semblable à la phosphorescence de la mer.

(1) Le nom sacré du Nil est *Hapi*, son nom profane est *aour*, *atour* c'est-à-dire fleuve, le fleuve par excellence. On le peignait sur les monuments de trois couleurs : *rouge* dans son débordement, *vert pâle* (aigue marine) dans son inondation moyenne et *bleu* au repos, dans son état normal.

(2) Voir la note 1, p. 241.

La première fois que j'ai vu une âme se dégager de son enveloppe terrienne, c'était le premier jour de la deuxième décade de Paôni ; ma sœur Bira dormait auprès de moi fatiguée qu'elle était par la chaleur du jour ; son disque (âme) vint près de moi et me dit :

« Bonjour sœur, pourquoi rester ainsi dans le plan planétaire, tandis que je te cherche dans le plan sidéral. Viens donc voir les merveilles des espaces, tes amies de tes anciennes existences, tes parents, tous ceux enfin, qui, t'ayant aimés et n'habitant pas les sphères au-delà du septième cercle, peuvent vivre dans le cercle sidéral de notre monde terrien.

J'avoue que je fus très surprise de voir cette sorte de disque lumineux, me parler sans voix et cependant je comprenais parfaitement ce que me disait Bira, car son essence fluidique pénétrait pour ainsi dire mon corps, devinait mes pensées, enfin je comprenais et j'entendais sa voix, bien qu'aucun bruit ne fut perceptible pour aucune oreille ; mais fait pour moi fort curieux, je l'entendais tantôt par le front, tantôt par le creux entre mes deux seins, tantôt par l'oreille, mais dans ce dernier cas, cette voix me troublait le cerveau.

J'étais fort étonnée et je vivrai l'espace de

nombreux *Henti* (1), que je n'oublierai mon admiratif étonnement.

Bira me disait : «tu es surprise fillette de ce qui t'arrive, cela se conçoit, puisque c'est la première fois qu'une amie endormie vient près de toi éveillée ; tu as mérité cet avancement spirituel par ton affection pour moi, et c'est pourquoi, éveillée et songeant à moi, tu m'as attirée auprès de toi. La grande déesse (Isis) l'ayant voulu, c'est avec un plaisir extrême que je me suis rendue auprès de mon amie. Je vais te causer maintenant une surprise plus étrange encore, pour toi s'entend, qui n'est pas initiée aux connaissances des mystères de notre mère Isis, femme et sœur d'Osiris, mère d'Horus.

« Je vais descendre et me placer dans ta main, je m'en irai ensuite et reviendrai près de toi ; tu me verras pénétrer les murs, entrer et sortir à ma volonté, car dans l'état astral, les éléments matériels ne nous gênent point ; nous traversons un mur comme un corps terrien (un être incarné) traverse le seuil d'une porte. »

(1) Les Égyptiens avaient des cycles très variés pour compter des espaces de temps; nous ne connaissons pas la valeur numérique du cycle *Henti*, mais il devait être sans doute fort considérable, il devait embrasser une période de plusieurs milliers d'années, si nous en jugeons par le célèbre Papyrus de Turin, ou ce terme *Henti* est employé pour résumer de longs règnes mythologiques (Cf. E. Rougé, *Chrestomathie* II, 129).

Elle dit et le disque lumineux qui était placé vis-à-vis de moi, un peu plus haut que ma tête, descendit sur ma main gauche que je tenais ouverte comme elle me l'avait commandé par intuition, et, à l'instant, je sentis dans la paume de ma main comme un disque glacé, tout à fait semblable à un disque en verre dépoli vert, lequel disque éclairait la chambre, car la nuit commençait à se faire. Bientôt, le disque se dissipa, fondit pour ainsi dire sur ma main et disparut totalement. Quelques instants après, je vis le même disque sortir du mur ; il s'avança vers moi, décrivit des courbes au-dessus de ma tête et se posa sur mon front. Je sentis alors dans tout mon être comme un frisson de plaisir qui pénétra mon corps tout entier.

Et Bira me dit : « Tu vois amie, combien il est agréable de vivre dans l'espace sidéral, ici, l'enveloppe charnelle ne gêne point nos mouvements ; ensuite la distance n'existe pas ; une pensée et l'on arrive au lieu désiré, et puis quel bonheur d'aspirer l'aither primordial principe de toutes choses. C'est lui la seule force de l'Univers. »

Mais, dis-je à Bira, comment fais-tu pour entrer dans ton enveloppe terrienne ?

C'est bien simple, répondit-elle, je n'ai qu'à vouloir. — Elle dit et je vis le disque lumineux pénétrer au-dessous de son sein gauche dans son corps ; celui-ci eut un léger mouvement comme un sursaut et Bira me dit en s'éveillant tout-à-coup : « Tiens ma sœur, je te croyais bien loin de moi et suis surprise de te voir ici. J'étais dans un pays étrange et superbe où j'ai vu des merveilles. Il était peuplé de palais magnifiques, dont l'intérieur était décoré avec un luxe inouï, les édifices étaient entourés de splendides jardins dans lesquels la végétation avait un caractère tout particulier ; les fleurs des arbres et des arbustes attiraient vivement mon attention par leurs formes élégantes, leurs énormes proportions et les fines et suaves odeurs qu'elles dégageaient.

— Ne te rappelles-tu rien de particulier lui dis-je ?

— N'es-tu pas venue me chercher !

— Que t'ai-je dit ? Réponds si tu sais ?

— Ah ! oui ! dit-elle. En rentrant dans mon corps j'avais oublié, mais tu me remets en mémoire ceci : Je t'ai engagée à venir avec moi dans l'espace sidéral, mais tu ne m'as pas écoutée et tu m'as forcée, pour ainsi dire, à rentrer dans mon corps. Pourquoi m'avoir attirée ici, j'étais si heureuse là-bas, et des larmes s'échappèrent de ses yeux.

Elle me dit ensuite : « Mais toi ne te rappelles-tu pas certaines pérégrinations que tu as accomplies pendant ton sommeil ?

Non, dis-je, seulement quelquefois après mon premier sommeil, il me semble que descendant l'escalier du temple, mon pied vient à heurter bien fort contre une marche, alors je m'éveille en sursaut, toute apeurée et tout mon corps est comme la chair de la pintade.

— C'est le moment précis, dit Bira, ou ton âme rentre en ton corps, après avoir voyagé plus ou moins longtemps à travers l'espace sidéral. Aujourd'hui que tu sais, tu te rendras dorénavant fort bien compte de ce que je viens de t'apprendre.

— C'est ce que j'ai pu vérifier les jours suivants et depuis j'ai toujours eu souvenance de mes communes pérégrinations avec Bira.

Un coup de sistre, se fit entendre, c'était la dixième heure ; la suite de mon examen fut renvoyée au lendemain à la huitième heure.

Avant de sortir du temple, le Grand-Prêtre adressa à la déesse une fervente prière ; tandis que de jeunes enfants répandaient dans les *amschirs* (brûle-parfums) le *kyphi de Pount* (1), l'atmosphère était embaumée pendant que toute l'assemblée quittait le saint lieu.

(1) Le kyphi était un parfum composé de 16 ingrédients, on le brûlait devant la statue des Dieux. La recette de cette sorte d'encens est consignée dans le chapitre LXXX du *Traité d'Isis et d'Osiris* attribué à Plutarque. On tirait Kyphi de *Pount*; ce nom hiéroglyphique embrasse la contrée qui comprend la partie du continent africain qui s'étend du détroit de Bab-el-Mandeb au cap Gardafui.

Le lendemain, un peu avant la huitième heure, deux prêtres vinrent me chercher dans ma chambre et me conduisirent dans le véritable sanctuaire du temple, car la veille je n'avais parlé que dans le *mammisium* (1).

La décoration du sanctuaire était beaucoup plus riche que celle du *mammisium* et que j'aurais pu l'imaginer ; l'assistance était moins nombreuse que celle de la veille, car ici, n'étaient admis que les *Initiés*, mais le collège des prêtres était au grand complet ; il y avait, en effet, le *Sam* (grand pontife ou grand prêtre) les archiprophètes, les Prophètes, les Stolistes, les Scribes de la sainte Crytographie, les Hiérogrammates, les Saints-Pères, les Pastophores, les Cholchytes, les Taricheutes et les Néocores.

(1) A côté de chaque temple, mais communiquant avec lui, il y avait un édifice nommé *Mammisium* ; Champollion le nomme *Mammisu*. Il en existe partout en Égypte, on en a retrouvé à Hermonthis, à Philæ, à Ombos ; celui d'Hermonthis a été construit sous le règne de la dernière Cléopâtre la fille de Ptolémée XIII Aulète la maîtresse d'Antoine et de Jules César (a).

(a) Cléopâtre VI, née 67 ans (av. J.-C.) épousa son frère Ptolémée Dionysos et règna avec lui en 52. Quand son mari eut péri dans la guerre d'Alexandrie, elle gouverna seule, mais elle fut bientôt obligée d'épouser son plus jeune frère Ptolémée Néoteros, qu'elle empoisonna bientôt. En 42, après la bataille de Philippe, Antoine la manda à Tarse pour qu'elle eut à se justifier d'avoir prêté du secours à Brutus et à Cassius ; au lieu de se justifier, elle subjugua le général romain par sa beauté et ses charmes.

Chacun, suivant son rang, se plaça devant le siège qui lui était destiné ; le Pontife était sur son trône ; il éleva bientôt les bras au-dessus de l'assemblée et, tenant les mains dirigées sur elle, il invoqua en ces termes, la Grande Déesse :

« O toi, grande et bonne mère, o toi, la Protectrice, reçois favorablement nos invocations.

. . . .

« Indépendamment des biens et des bienfaits que tu te plais à nous accorder chaque jour, chaque heure, chaque instant, nous te demandons plus particulièrement en ce jour, d'aider et seconder dans sa dernière épreuve, la noble Vierge, fille de Pamaï. . . . .

« La noble Vierge désire, en effet, devenir Pallacide (servante de tes autels). . . . . Une fois sacrée Pallacide, elle sera ta fille et s'abstiendra de tout acte qui n'aurait pas uniquement pour but ta glorification. . . . . Dirige enfin, O grande Protectrice, sur cette Vierge chaste et pure, ainsi que sur l'assemblée toute entière, les rayons lumineux nécessaires aux bonnes et nobles actions.

. . . .

« Sans ces rayons, point de directions . . . . Sans direction, point de Bonheur ! . . . .

Par *Maut* (J'ai dit).

Le *Sam* ayant abaissé son bras gauche, les prêtres s'assirent ; puis toute l'assistance en fit autant, quand il eut abaissé son bras droit ; mais lui, toujours debout, fit des libations à la Déesse et ordonna de répandre le *kyphi de Pount* dans les Amschirs et bientôt des chants retentirent.

Puis se recueillant quelques instants, il m'adressa la parole en ces termes : « Ma fille, vous avez subi avec honneur la première épreuve pour votre consécration ; le collège des prêtres tout entier et moi son chef aimé en avons été heureux et charmés et avons décidé qu'aujourd'hui, deuxième jour de la deuxième décade du mois de Tybi, vous subirez une dernière épreuve, dont vous sortirez victorieuse avec le même bonheur, nous en avons le ferme espoir. Nous avons hâte de connaître la thèse par vous choisie, dans l'ordre scientifique. — Ayez confiance, les scribes sont à leur siège, vous pouvez commencer.

Par Maut !

Il s'assit alors sur son trône.— Je pris la parole et je dis :

« Grands aimés des Dieux, maîtres honorés et respectés, je viens traiter devant vos augustes personnes, un sujet bien délicat et bien difficile :

De l'Aither Primordial.

Ce fluide universel, ignoré de la vile multitude, est fort peu connu même de nos castes supérieures. Il me faut un certain courage pour aborder ce vaste sujet devant vous, mais je suis certainement encouragée et soutenue par la bonne Déesse, je le sais par des signes non équivoques de sa manifestation directe, car ce matin en me levant j'ai eu d'heureux présages : l'oiseau Bennou (1) a passé à ma droite et un néocore (serviteur du temple) a cligné de l'œil droit; enfin, avant mon réveil planétaire, j'ai entendu mon amie et compagne Bira me dire dans les sphères sidérales des cercles terriens : « Je t'adjure au nom de ton père en Osiris de ne point craindre d'aborder ce vaste sujet, car ayant parcouru en grande partie les principaux papyrus hiératiques de notre première bibliothèque, celle que nous désignons

(1) Qu'elle que fut la variété de l'oiseau qui volait à la droite d'une personne, c'était là un Signe heureux ; ce présage était considéré comme très favorable, surtout quand c'était un Bennou, c'est-à-dire l'oiseau consacré à Osiris et l'emblème de la résurrection. Le Bennou était notre vanneau moderne, ce morceau si fin et si recherché des gourmets qui a donné naissance à ce dicton populaire.

Qui n'a pas mangé de vanneau
N'a pas mangé de bon morceau.

L'antiquité Greco-Égyptienne a transformé le Bennou en Phénix qui renaissait comme on sait de ses cendres; c'était donc une véritable résurrection. Enfin le Bennou était un des noms de la Planète Vénus parce que cet astre par ses apparitions successives donnait une idée véritable des périodes de renouvellement(Cf. E. de Rougé, *Etudes sur le Rit. funér.* p. 46).

par ce titre expressif *Médecine de l'âme* (1), tu peux donc traiter ce sujet avec confiance.

Tels sont les motifs qui m'ont encouragée à traiter aujourd'hui de l'Aither primordial ou fluide Universel.

Je commencerai donc par dire qu'il n'existe dans les mondes qu'une seule puissance ou force, c'est l'*Aither* ; c'est lui qui éclaire, c'est lui qui agit, c'est lui qui transporte, c'est lui qui engendre, c'est lui qui fait végéter, c'est lui qui agglomère, réunit et synthétise les molécules, quelles quelles soient, enfin, en un mot, c'est ce fluide qui a fait tout ce qui est, qui fait tout ; sans lui rien n'existerait et avec lui tout peut être produit.

Et, fait remarquable, lui qui est tout et partout, qui est le grand moteur, le disque (*l'âme*) des mondes, il est invisible pour la plus grande partie de l'animalité ; ce fluide impondérable est

(1) Généralement, on voyait gravé sur le linteau de la porte principale des Bibliothèques égyptiennes, la palette des scribes. Il existait à Denderah une vaste chambre du temple dénommée *Bibliothèque*. — Voici les titres des quelques ouvrages qui existaient dans les Bibliothèques qui, toutes, étaient placées sous la protection de la Déesse Sawekh : Instructions pour détourner les funestes effets du *mauvais œil*; protection du roi dans sa demeure ; l'art de guérir par l'influx du fluide Universel : aither. Formulaire des prières pour bénir (ou protéger) un tombeau, une maison, une ville, une contrée, un empire ; Instructions pour le culte d'Horus ; Inventaire des objets qui se trouvent dans le temple de la Grande Déesse, etc., etc.

doué d'une force incalculable ; si les hommes savaient l'emmagasiner, le conduire et le diriger, il pourrait moudre son grain, malaxer sa farine, cuire son pain et donner la vie planétaire (à tous les degrès ?)

Ce fluide éclaire les mondes, car les soleils ne sont que des émanations de ce fluide ; enfin en médecine il est le remède Universel (panacée). C'est la seule partie du sujet que je vais esquisser aujourd'hui. (Toute la partie technique de mon sujet ne pouvant être livrée à l'écriture, je ne puis la transcrire ici). — Voici l'analyse succincte de la partie purement philosophique : « Les castes populaires ont absolument besoin, pour guérir les maux du corps qui les affligent d'user de simples (d'herbes diverses) minéraux, etc., et tous ces remèdes doivent être accompagnés d'incantations grossières, sans cela, elles ne se croiraient pas sérieusement traitées.

Dans les castes supérieures, comme je l'ai démontré, seule l'imposition des mains d'un mage (1) suffit amplement à guérir toutes les maladies qui proviennent toutes d'une seule cause : la

(1) La Magie, dit Déveria (*Pap. judic. de Turin*) était considérée comme une science divine ou un art sacré inséparable de la religion, bien qu'elle se confondit avec des pratiques que nous nommons sorcellerie, cette dernière observation de Déveria est complètement fausse ; les Égyptiens distinguaient la MAGIE de la *Goëtie*.

naissance de l'animalcule (microbes et microzoaires des modernes) germe émis par les fluides secondaires, tous malsains. La seule projection du fluide universel, aither, suffit à les anéantir dans tous les corps quels qu'ils soient et par suite, il guérit tous les maux.

Telle fut la conclusion de mon épreuve scientifique.

Après les chants du Rituel, accompagnés de musique, le Grand-Prêtre me reçut Pallacide avec tous les rites et cérémonies d'usage ; je pris rang immédiatement, au milieu de mes sœurs ; je fus placée à côté de mon amie Bira.»

CHAPITRE XXV

DE LA MUSIQUE

> Le Philosophe est celui-là seul qui est savant dans la science musicale.
>
> PLATON.

Le terme *Musique* avait chez les Égyptiens une très large acception; cet art en effet, comprenait non-seulement les connaissances nécessaires aux musiciens de profession, mais encore aux poètes, aux historiens et aux géomètres; du reste dans l'antiquité, la musique faisait partie de l'enseignement médical même (1).

La musique égyptienne, justifiait bien la définition donnée par A. Quintilien, c'est-à-dire, *la connaissance de tout ce qui est beau et décent dans les corps et dans les mouvements* (2); définition bien plus générale encore, que celle que donne J.-J. Rousseau dans son *Dictionnaire de Musique* (3).

(1) Cf. FOURNIER, *Dictionn. des Sciences Médicales.* V° MUSIQUE.

(2) *Gnosis tou prepontosen er Sômasi kai kinesesin; (lib. I.*, p. 6).

(3) V° MUSIQUE.

Le cercle des sciences que les Égyptiens rattachaient à la musique était très étendu; aussi, enseigner la musique dans son intégralité, c'était donner à l'étudiant une instruction tout-à-fait encyclopédique.

Pour se faire une idée de la vaste envergure de cette science, nous dirons que la théorie de la science des *Nombres harmoniques* était basée sur la musique et que les mêmes formules musicales exprimaient à la fois, le système des sons et celui de l'Univers. L'intervalle des intonations était rapportée à la distance des astres entre eux, de même que les mouvements de ceux-ci étaient rapportés aux lois de la Musique. Les Égyptiens avaient reconnu que la loi fondamentale des sons était en rapport avec les lois immuables de la nature, dès lors, ils en avaient déduit, que la nature toujours constante dans sa marche, avait dû être soumise aux mêmes lois d'organisation du système du monde, et c'est sur ce principe qu'était fondé le système des proportions harmoniques, astronomiques et musicales.

C'est sans doute, ce qui faisait dire à Platon (1) : « L'astronomie et la musique sont semblables et de puissance égale; les oreilles paraissent faites pour le mouvement harmonique,

(1) *De republic, VII.*

comme les yeux pour le mouvement des astres. »

Par les quelques lignes qui précèdent, on voit ce que pouvait embrasser l'enseignement d'une École, où la musique, l'astronomie et d'autres sciences étaient intimement unies ; aussi l'enseignement et la pratique de la musique étaient-ils l'apanage de la première classe du sacerdoce, seul le chantre figurait le dernier dans la classe sacerdotale.

Homère avait reçu cet haut enseignement, aussi devint-il capable de remplacer son maître; l'œuvre du grand chantre peut témoigner qu'il n'était étranger à aucune des connaissances humaines de son temps.

Ce n'est pas sans raison que nous venons de parler de l'immortel poète, en effet, à l'origine de toutes les civilisations, nous voyons les éléments des sciences écrits en vers et chantés, parfois avec accompagnements d'instruments de musique.

Donc, le secours de la musique et du chant était également nécessaire au maître et à l'élève. Ce mode d'instruction était indispensable pour apprendre toutes les sciences et justifiait bien ces paroles de Thoth à Asclépios : « Savoir la musique, c'est connaître l'ordre de toutes choses, et la place assignée à ces choses par la Divinité. »

Après cela, il n'est pas étonnant de voir que dans l'antiquité, ce terme *Musique* eut une si grande acception, puisqu'il servait surtout en Égypte à désigner d'une manière générale tout ce que l'homme devait connaître, même en ce qui concernait l'hygiène de son corps et de son âme, ainsi que de leur ornement.

Le respect pour la musique primitive était poussé à un tel point chez les Égyptiens, que tout changement, toute innovation même légère, dans les modes et les ryhtmes musicaux étaient considérés comme un crime véritable; car ces innovations auraient pu entraîner la foule dans des voies funestes, à des secousses sociales violentes, à des révolutions.

C'est pour ce motif sans doute, que Platon, dans sa République idéale, ne consentait à laisser pénétrer la musique, qu'à la condition d'y laisser subsister un caractère d'immutabilité absolue. Il redoutait les effets prodigieux qu'on pouvait y introduire et par suite l'abus qu'on pouvait en faire, et il s'en expliquait ainsi (1) : « Il faut se garder de ceux qui se complaisent dans de nouveaux chants; il faut se garder d'introduire une nouvelle espèce de musique, car ce serait le naufrage de tout; jamais en effet, un changement ne peut survenir dans les modes de la musique sans qu'il ne survienne aussi de grands changements dans les lois civiles » ; c'est-à-dire dans la politique.

(1) *De republicà, VII.*

C'est sans contredit, ces craintes de transformation qui a fait dire à Dion Chrysostôme (1) que « la musique avait été proscrite en Égypte. »

Strabon ne va pas aussi loin, mais il rapporte (2) que les temples ne retentissaient pas du son des instruments, et que les sacrifices s'accomplissaient en silence. Ce sont là de très graves erreurs. Nous pouvons affirmer au contraire, que les fêtes et cérémonies religieuses étaient toujours accompagnées de chants soutenus par des instruments de musique, exemple : procession du Bœuf Apis sur le Nil.

Ces instruments de musique très nombreux, étaient de trois sortes : à cordes, à vent et à percussion. — Les instruments à cordes étaient désignés d'une manière collective sous le nom de *Tebouni*, ils offraient une grande variété de forme qu'on peut ramener cependant à deux principales : celui des harpes trigones ou cithares triangulaires, et celui des harpes hémicycles ; les premières étaient montées de treize cordes, tandis que les dernières en possédaient onze seulement ; nous devons ajouter que le nombre des cordes de ces instruments était très variable, puisqu'il parcourt tous les intervalles depuis trois jusqu'à vingt-quatre ; mais quel

(1) *Orat. XI.* — (2) Liv. XVII.

que soit le nombre de leurs cordes, les harpes étaient toujours jouées à deux mains. Beaucoup de harpes n'avaient pas de consoles comme les nôtres, elles affectaient la forme de l'arc ; on en jouait dans les processions en marchant, le bois de l'instrument posé sur l'épaule, et les cordes tournées par conséquent, vers le ciel ; le *Psaltérion* était une harpe à cordes obliques, qui servait à accompagner le chant.

Suivant le grammairien Apollodore, Thoth passait pour l'inventeur de la lyre avec écaille de tortue, montée de nerfs de bœufs desséchés.

Les Égyptiens connaissaient aussi la flûte qu'Osiris, selon Athénée, avait inventée ; ils en avaient de divers modèles collectivement désignés sous le nom de *Photina*.

La flûte simple ou *Moum*, se jouait comme notre flageolet ; on la nommait *flûte droite ;* faite souvent d'un roseau, les trous de son doigté étaient fort éloignés de l'embouchure.

Les Égyptiens avaient aussi la flûte double, principalement jouée par les femmes, et la flûte courte ou oblique nommée *Siol* ou *Sebi* qui n'aurait été, suivant quelques musiciens, Fétis entre autres, que notre flûte traversière ; ils avaient également des trompettes : la Sambuque par exemple, originaire de la Phrygie.

Un instrument d'un fréquent usage et consacré à Isis, c'était le Sistre. Il se composait d'une étroite bande d'airain, d'argent ou même d'or, courbée en long fer à cheval, ajusté sur un manche lui servant de support. Cette bande était traversée de trois ou quatre baguettes ou tringlettes de même métal, terminées en crochets ; ces tringles passaient librement dans des trous percés dans la lame courbe, ces baguettes retenaient prisonnières un certain nombre d'anneaux métalliques. Le sistre, en égyptien *Sescek*, dont on ne pouvait tirer des sons qu'en l'agitant en cadence, était le symbole du mouvement qui tira l'univers du chaos et donna la vie aux êtres, mouvement qui faisait la base de la Cosmogonie égyptienne (1).

Enfin, les Égyptiens possédaient des cymbales, des tambours et des tambourins (*tympana*).

Ayant des instruments de musique si nom-

(1) Un inventeur américain, M. Keely de Philadelphie a découvert un principe mécanique basé sur la vibration de l'air, d'une puissance inouie et qui comme force laisse bien loin en arrière, la vapeur, la dynamite et la mélinite. Voici ce que dit à ce sujet un témoin oculaire le Dr Franz Hartemann (*Lotus* année 1888 p. 379) : « Je me rendis à son laboratoire, il me montra un instrument qu'il appelait un *désintégrateur* ; la façon dont il marche me convainquit que M. Keely est capable de faire tourner une roue au moyen du son.

Avec cet appareil M. Keely peut percer des montagnes, des isthmes et des roches les plus dures avec une rapidité inconcevable (cf. LOTUS, *année 1888, p. 360 et suiv.*)

breux, nous pouvons en conclure que les Égyptiens devaient être grands amateurs de bonne musique, bien que les monuments de tout genre qui nous restent, ne nous apprennent rien sur leur *science musicale*, qu'ils considéraient probablement comme résumant tout l'art sacré ; de là peut-être cette absence d'airs notés et le silence des monuments. Ils étaient du reste trop partisans des *Nombres harmoniques* et du *Rythme*, pour ne pas être d'excellents musiciens.

Tout ce que nous venons d'avancer est pour ainsi dire confirmé par Chabas qui nous dit (2) : « Les Égyptiens étaient grands amateurs de chants, de la musique, de la danse et des exercices du corps ; un fonctionnaire spécial était préposé à ce département des plaisirs du roi ; il portait le titre d'*Intendant du chant et de la récréation du Roi.*

« Les chants en l'honneur des dieux formaient une partie essentielle des cérémonies du culte : à cet effet des chanteurs et des chanteuses étaient entretenus dans les temples. Ces détails que je puise dans les monuments de la haute antiquité, sont corroborés par le décret Trilingue de Canope, qui prescrit des chants en l'honneur d'une jeune princesse déifiée. »

(2) *Égyptologie*, p. 49.

Un auteur, Villoteau, nous apprend que (1) « Par le chant rythmé, les Égyptiens règlent si bien leurs mouvements dans leurs travaux les plus pénibles, qui demandent un concours d'efforts réunis, que deux hommes parmi eux, réussissent souvent à faire avec une étonnante facilité, ce qui ne pourrait être exécuté sans beaucoup de peine par quatre d'une autre nation, où l'on ne sait point concerter les efforts avec la même précision. Soit qu'ils portent des fardeaux ou qu'ils fassent d'autres ouvrages pénibles, pour lesquels ils sont obligés de se réunir plusieurs, et qui exigent autant d'adresse que d'accord dans les mouvements, ils ne manquent jamais de chanter ensemble ou alternativement en cadence, pour que chacun d'eux, agisse en même temps uniformément et prête à propos son concours à l'autre. »

L'on voit par là, que les modernes Égyptiens suivent la tradition de leurs ancêtres, qui exécutaient tous les grands travaux en cadence et en musique.

Et Villoteau n'est pas seul à professer cette théorie du mouvement, Fétis a la même opinion que lui (2).

Toutes les idées qui précèdent, sont confirmées par Plutarque qui, dans la *Vie d'Antoine*, nous

(1) De l'état actuel de l'art musical en Égypte.
(2) *Histoire générale de la musique*, Tome Ier.

dit en parlant de Cléopâtre : « Elle navigua tranquillement sur le Cydnus, dans un navire dont la poupe était d'or, les voiles de pourpre et les avirons d'argent. Le mouvement des rameurs étaient cadencé au son des flûtes qui se mariait à celui des chalumeaux et des lyres. »

Nous savons du reste, que bien longtemps avant Cléopâtre, les Égyptiens avaient parmi leur répertoire musical, des chants portant ces titres caractéristiques : le *Chant des bateliers du Nil*, le *Chant pour passer l'écueil*, le *Chant pour virer de bord*, le *Chant des puiseurs d'eau*, la *Chanson des bœufs*, etc., etc. A propos de cette dernière, Champollion dans sa douzième lettre écrite d'Égypte, nous dit qu'elle accompagnait le dépiquage du blé, et il ajoute : « Toute manœuvre ou tout travail pénible était soutenu par un chant particulier. — Il ne faudrait du reste, avoir jamais mis les pieds en Orient pour ignorer que cette coutume de chanter en travaillant, s'est conservée jusqu'à nos jours dans les pays Orientaux.

Il résulte donc clairement de ce qui précède, que les Égyptiens connaissaient et pratiquaient la musique, c'est là un fait incontestable ; maintenant si le lecteur demande pourquoi aucun motif musical n'est parvenu jusqu'à nous ? Nous leur répondrons avec Platon que les motifs musicaux se conservaient par tradition. Voici en effet, ce qu'a dit le philosophe grec : « Les Égyptiens avaient certaines mélodies (1) qu'il était expressément défendu d'altérer en quoique ce soit, et qui se conservaient par tradition seulement, car il était défendu de les écrire. »

On voit par là, quelle profonde vénération les Égyptiens professaient pour la musique, puisqu'elle faisait partie de l'*Art Sacré*, qu'il n'était pas permis d'écrire; aussi nous n'insisterons pas davantage sur ce sujet.

(1) Des *Chants sacrés* probablement!

CONCLUSION

Dans la présente conclusion, nous allons résumer les principaux faits de notre œuvre.

Ce qui frappe tout d'abord dans la doctrine religieuse Égyptienne, c'est qu'on voit que l'Égypte a été monothéiste, n'a adoré qu'un dieu unique, *qui n'a pas de second*, dit l'Hymne à Ammon-Ra; mais il y a lieu de distinguer trois époques très différentes dans la religion Égyptienne.

La première qui remonte aux temps préhistoriques et finit à Menès, le premier législateur de l'Égypte (59 siècles avant J.-C.).

Platon nous apprend que dix mille ans avant Menès, il existait une civilisation complète, dont il a pu de ses yeux constater des preuves.

Diodore est plus affirmatif que Platon, il nous dit en effet, que les prêtres de l'Égypte lui ont affirmé que bien avant Menès, il existait une civilisation qui avait duré dix-huit mille ans.

Suivant la *Chronique* du prêtre égyptien Manéthon (1), c'est pendant cette période antérieure à Menès que la religion monothéiste existait dans toute sa pureté, telle en un mot, que les plus anciens habitants de l'Égypte la tenaient de leurs ancêtres.

La deuxième période finit à Mosché (Moïse), législateur des Hébreux (XVIIe siècle avant J.-C.). C'est pendant cette période que les prêtres égyptiens ont fait dégénérer le culte primitif en une sorte de *Panthéon*, dont les mythes introduits quelques siècles plus tard dans la théodicée hellénique, créerent les divinités Kabiriques. Pendant cette période, les prêtres n'adoraient bien qu'un dieu unique, mais ils laissaient croire au peuple que les divers rôles divins, figurés sous le nom de divinités diverses étaient réellement des dieux différents.

Enfin, la troisième période religieuse comprend les temps postérieurs à la sortie des Hébreux de l'Égypte ; c'est la période de décomposition totale, décomposition survenue par suite de l'ignorance du peuple et de la duplicité du sacerdoce qui avait supprimé jusqu'au souvenir de la belle religion primitive pour y substituer le

(1) Cette *Chronique* donne une chronologie de l'Égypte, qui remonte à environ 6,892 ans au-delà de la présente année.

culte des bœufs Apis et Mnœvis, du bouc Mendès, du crocodile, de l'hippopotame, de l'ibis, des chats et autres animaux.

Mais, même dans cette dernière période religieuse, le culte monothéiste n'avait pas été délaissé, si nous en croyons un éminent égyptologue, car « J'ai eu occasion de faire voir, dit M. de Rougé (1), que la croyance à l'unité de l'Être suprême ne fut jamais complètement étouffé en Égypte par le polythéisme. Une stèle de Berlin de la XIXe dynastie, le nomme *le seul vivant en substance*. Une autre stèle du même musée et de la même époque, l'appelle *la substance seule éternelle*, et plus loin *le seul générateur dans le ciel et sur la terre qui ne soit pas engendré*. La doctrine d'un seul dieu dans le double personnage du père et du fils était également conservée à Thèbes et à Memphis, le nomme *Dieu se faisant dieu*, *existant par lui-même*, *l'Être double*, *générateur dès le commencement*. La leçon Thébaine s'exprime dans des termes presque identiques sur le compte d'Ammon dans le papyrus Harris : *Être double*, *générateur dès le commencement*, *Dieu se faisant dieu*, *s'engendrant lui-même*. »

Voilà pour la doctrine religieuse.

(1) De Rougé, *Étude sur le rituel funéraire des Égyptiens*, *in* Revue Archéologique, année 1860, p. 357.

La science des Égyptiens, de même que leur sagesse, était réputée et même fort vantée chez tous les peuples de l'antiquité; cette science, de même que la philosophie de l'Égypte, se montre sublime dans l'antiquité, même la plus reculée, l'avis des écrivains est unanime sur ce point; cette science et cette philosophie désignées sous le nom générique d'*Art sacré* étaient cachées au fond des sanctuaires.

L'art sacré commença à s'affaiblir à l'époque de Sésostris, il disparut graduellement sous les Perses, les Grecs et les Romains. Sa décadence fut même si rapide qu'un empereur ne voit plus dans les prêtres de l'Égypte que des ignorants, imbus de la plus incroyable superstition et dans l'Égypte elle-même, qu'une nation abrutie et presque totalement dégradée.

Et cet effondrement subit est survenu, parce que les Pharaons de la XVIIIe dynastie, en portant leurs armées loin de la terre d'Égypte, avaient appris aux barbares, le chemin de leur royaume; or, dans les invasions étrangères, les sanctuaires des temples furent livrés à la dévastation, au pillage et à l'incendie et l'*Art Sacré* héréditaire dans les maisons sacerdotales, périt en même temps, que les prêtres qui l'enseignaient et le conservaient pieusement soit par la tradition, soit par les livres. La perte de ceux-ci est à jamais regrettable, car elle est irréparable; de combien de découvertes aurait profité l'humanité et cela depuis de longs siècles peut-être, sans cette perte !

Pour n'en citer qu'un exemple, il suffira de se représenter à l'esprit, qu'elle énorme somme de travail a dû accomplir l'alchimie du moyen-âge, pour découvrir la pierre philosophale et certainement les Égyptiens possédaient l'art de transmuer les métaux ; la quantité d'or que possédaient les Pharaons, à défaut d'autres preuves, pourrait en témoigner.

L'alchimie était bien connue des Égyptiens, nous en avons de nombreux témoignages et le passage suivant de Senèque, nous paraît tout-à-fait concluant (1) ; il nous dit en effet, que les Égyptiens jugeaient l'air mâle, parce qu'il produit le vent et femelle, parce qu'il est nébuleux et inerte ; ils appellent la mer, *Eau mâle* et toute autre espèce d'eau, *Eau femelle*. Le *Feu mâle* est celui qui brûle par la flamme, le *Feu femelle*, celui qui luit sans nuire ; ils donnent à la terre la plus forte, le nom de *Terre mâle* et celui de *Terre femelle*, à celle qui est propre à la culture »

Ne dirait-on pas que ces lignes sont écrites par

(1) *Natur. Quæstion.* lib. III, 14.

un alchimiste du xve siècle. A cette époque, l'eau et le feu étaient aussi les deux éléments les plus étudiés ; les alchimistes leur ont donné des noms si divers, qu'ils empliraient des pages entières ; voici une courte nomenclature en ce qui concerne le feu, que Riplée distinguait en *feu naturel*, *innaturel*, *feu contre nature* et *feu élémentaire*.

Il y avait un *feu de cendres*, un *feu de sable*, un *feu de limailles*, un *feu ouvert* ou *libre*, un *feu de fusion*, de *charbon*, de *flamme*, un *feu métallique*, un *feu des sages*, *externe*, *inné*, *excitant*, un *feu philosophique*, puis suivant le degré du feu, ils le nommaient *feu de Perse*, d'*Égypte*, des *Indes*, etc.

Du reste, ce mot de feu, était appliqué à des substances diverses et même à des liquides, à des acides, ainsi il y avait le *feu végétal* ou tartre, le *feu corrodant* ou mercure, le *feu de la terre* ou soufre, le *feu de lion* ou aither, etc., etc.

Dans la première partie de notre livre, nous avons parlé de cet Art sacré, de cet Hermétisme ou Occultisme, ainsi que des écritures, des papyrus et des Livres d'Hermès, qui ne seraient que les livres de Thoth, traduits en grec. L'origine de ces livres a été fort discutée, il est possible et même probable que tous les livres d'Hermès Trismégiste, ne soient pas la traduction littérale des *Livres de Thoth*, mais il est un fragment de ceux-ci qui a bien le caractère égyptien, c'est celui qui a pour titre : *La Vierge du Monde* (*Choré Cosmou*), qu'on pourrait également traduire : l'*Œil du monde*, car le terme grec *choré* signifie à la fois *vierge* ou *prunelle*, et par extension *œil*.

La Vierge du monde, c'est à peine besoin de le dire, est Isis, *la Bonne Déesse*.

Dans le fragment du *Livre Sacré* en question, après avoir versé à son merveilleux fils Horus, le breuvage d'immortalité que les âmes reçoivent des dieux (l'*amrita* des hindous), Isis parle au divin Horus en ces termes : « Le ciel parsemé d'étoiles est une pluie au-dessus de la nature universelle, il ne lui manque rien ô mon fils, de ce qui compose l'ensemble du monde. La nature est complète par ce qui est au-dessus d'elle. La suprématie des Grands Mystères sur les petits est nécessaire et l'ordre céleste l'emporte sur l'ordre terrestre, comme étant fixe et inaccessible à toute idée de mort ; c'est pour cela que les choses terriennes saisies de crainte, gémirent devant la beauté merveilleuse et l'éternité du monde supérieur. Car c'était un spectacle digne de contemplation que ces magnificences célestes, révélation du dieu inconnu ».

Nous n'insisterons pas plus longuement sur ce

fragment, si intéressant, mais nous engagerons nos lecteurs à le lire, soit dans l'original, soit dans la bonne traduction qu'en a donné M. Louis Ménard, et nous nous occuperons de la Cosmogonie.

Voici ce qu'en dit Senèque (1) :

« En ce qui concerne la Cosmogonie Égyptienne, le monde était composé d'après celle-ci de quatre éléments : l'air, le feu, l'eau et la terre qui répondaient au quaternaire sacré; mais ensuite ces quatre éléments se dédoublaient à leur tour pour former un nouveau quaternaire et les deux réunis ou huit, étaient l'expression de la loi naturelle et primitive de l'univers.

« Pour obtenir ce dédoublement, on attribuait aux quatre premiers membres, la faculté d'hermaphrodisme et on les considérait comme mâle et femelle à la fois. »

Ne croirait-on pas, nous le répétons, lire dans ces nouvelles lignes de Senèque, un écrit alchimique du xve siècle, bien que le philosophe romain soit encore fort incomplet en ce qui concerne la question.

Nous savons en effet que la Cosmogonie Égyptienne distingue trois espèces de feux et non deux :

(1) *Ut supra*, page 279.

1° Un feu spirituel invisible, âme du monde, auteur de la création, Dieu lui-même (Ammon-Ra) ; ce feu détaché de l'essence créatrice, forme un personnage (*persona*, rôle), spécial nommé Ptah ;

2° Un feu pur également invisible détaché de l'essence de Ptah et qui produit, suivant Poimandrès, par l'incubation du Verbe sur la nature humide, se volatilise dans les hautes régions de l'atmosphère : c'est l'*aither* (1), que l'ancienne physique considérait non sans raison, peut-être comme le réservoir de l'électricité ;

3° Enfin, un feu matériel visible dans le soleil et dans les astres.

Ptah personnification du feu élémentaire spirituel détaché de l'essence, de la volonté créatrice réunit en lui deux sexes, car il s'unit à sa forme femelle, dénommée suivant les lieux : *Bouto* ou *Anouké ;* de cette union mystique naquit *Ptah-Sokari*, sorte de Vulcain ou feu matériel existant à l'état visible dans les astres et dans le soleil.

Ptah, feu spirituel, premier principe actif

(1) Nous avons adopté cette orthographe, afin de distinguer ce fluide de l'éther, liquide volatil si connu. Il serait à désirer que les écrivains occulistes et spiritualistes, adoptassent cette même forme, bien que les dictionnaires écrivent *éther* et définissent ce mot air le plus pur, fluide hypothétique (?), etc., etc.

émanant d'Ammon-Ra et identique à lui, avait pour emblème le feu terrestre.

Après le feu, l'élément qui jouait un grand rôle en Égypte, c'était l'eau.

L'effusion de l'eau en faveur des Mânes par exemple, avait une signification importante; c'était le symbole de la fraîcheur, de l'humidité rendues aux momies desséchées par leur préparation même et par l'action du temps. Les rites funéraires prescrivaient des libations fréquentes dans presque toutes les cérémonies. — Ce fait ne doit pas surprendre le lecteur; les Égyptiens, en effet, sous leur brûlant climat, considéraient l'eau comme la grande bienfaitrice; elle était le principe de toutes choses, l'humidité même était la mère et la nourrice des êtres. Les Égyptiens nommaient ce principe *Nil* et donnèrent ce nom au grand fleuve, qui arrosait et fécondait leur pays; ils le qualifiaient aussi de : *Très-Saint*, de *Père* et de *Conservateur du pays;* c'était comme un fleuve sacré, comme l'image d'AMMON-RA la divinité suprême, et c'est en cette qualité qu'il eût un culte et des prêtres. Ils placèrent même dans le ciel leur fleuve bien-aimé; ils eurent donc le *Nil céleste* et le *Nil terrestre*. Le grand *Chnouphis* était considéré comme la source et le régulateur du Nil terrestre; aussi, les représentations de ce dieu, nous le montrent souvent sous une figure humaine, tenant dans ses mains un vase duquel s'écoulent les eaux célestes.

Parfois, le *Dieu-Nil-Céleste*, avait à côté de lui trois vases emblèmes de l'*inondation;* l'un représentait l'eau que l'Égypte produit elle-même ; le second, celle qui vient de l'Océan en Égypte, au temps de l'inondation ; le troisième, les pluies torrentielles, qui amènent également les crues et l'inondation du fleuve.

Le Nil terrestre était figuré par un personnage fort gros, les Égyptiens le nommaient Hapi-Mou, c'est-à-dire celui qui a la faculté de cacher ou retirer ses eaux.

Après la religion et les symboles, qui font la seconde partie de notre œuvre. Après la grande Isis, nous avons étudié les Animaux et les Végétaux sacrés; nous avons fourni des renseignements sur le Perséa, cet arbre symbolique si peu connu et qui joue un si grand rôle dans la mythologie Égyptienne, puis nous avons passé en revue la classe sacerdotale et montré la hiérarchie des prêtres; mentionné l'existence de prêtresses qui ont réellement existé, c'est aujourd'hui un fait parfaitement démontré. Nous avons traité des juges, des cérémonies et des fêtes ; ces dernières étaient très nombreuses.

Dans la troisième partie de notre œuvre, nous avons longuement exposé la psychologie, la philosophie et la morale des Égyptiens ; nous avons donné à ce sujet des aperçus occultes, tout-à-fait incompris avant nous.

Les deuils, les funérailles, nous ont permis d'exposer les divers systèmes d'embaumements en usage dans l'Antique Égypte, ce qui nous a permis également de faire connaître une partie de la haute morale contenue dans le *Livre des Morts*, que tout bon Égyptien faisait placer à côté de lui dans son cercueil.

Les pyramides, les hypogées, les nécropoles ont eu chez les Égyptiens des aspects tout particuliers, notre étude résume tout ce qu'on sait de certain, au sujet de ces monuments funéraires.

En ce qui concerne les Mystères et l'Initiation, nous pensons avoir démontré que personne, aucun auteur ancien ou moderne, n'a pu nous dire, en s'étayant sur des documents certains, sérieux, authentiques, en quoi consistaient les Mystères et l'Initiation. Il y avait les grands et les petits Mystères, c'est là un fait certain. Apulée nous a donné un aperçu de ceux-ci, mais ne nous a rien appris sur ceux-là et notre conclusion à ce sujet est que l'auteur des *Métamorphoses* ignorait absolument la *Grande Initiation*, qui d'après nous était donnée aux seuls Égyptiens, et nous pensons que les philosophes étrangers, même les plus éminents, n'avaient pas reçu communication des Grands Mystères.

Nous rappellerons ici pour mémoire, ce que nous avons dit des *Vers Dorés de Pythagore* que nous avons donnés page 228, ces vers ne contenaient qu'une faible partie de la doctrine religieuse et de la morale Égyptiennes et rien de plus; mais nous devons ajouter que celles-ci pouvaient faire partie des mystères de l'Initiation, comme nous avons déjà eu l'occasion de le dire précédemment, mais enfin, cette doctrine ne constituait pas à elle seule tous les *Mystères.*

Un chapitre de fantaisie, pourrions-nous dire, le seul créé d'imagination, nous fait assister à la réception d'une jeune Pallacide; cette étude nous a permis de fournir une quantité de détails archéologiques qui n'avaient pas figurés dans les précédents chapitres. Cette sorte d'initiation aux *Petits Mystères*, joint à un chapitre sur la Musique, complète notre travail.

En résumé, nous pensons avoir ressuscité en grande partie cette vieille momie, qu'on nomme l'Égypte Antique, si intéressante à tant de titres divers; si nous n'avons pas dévoilé en entier son Art sacré, son Occultisme, c'est qu'il n'était pas possible de le faire dans l'état actuel de la science. Le pourra-t-on jamais?

Dans tous les cas, nous en avons dit à ce sujet,

plus qu'aucun des auteurs qui nous ont précédés.

Nous pensons aussi avoir bien compris tout ce qu'a écrit le plus grand génie de l'Égypte, le grand Thoth, celui qui disait de son pays qu'il était *le temple du monde entier*, comme nous allons le voir ; le Thoth qui est la personnification mythique du Sacerdoce Égyptien des premiers âges et qui atteste dans son *Traité* dialogué, l'atteinte qu'avait déjà reçue de son temps, la Théodicée de l'Égypte, Thoth, qui a déploré également, l'atteinte plus profonde qui lui sera portée plus tard : « Ignores-tu, dit Thoth, (Hermès) à son disciple Asclépios (§ IX), que l'Égypte soit l'image du ciel, ou ce qui est plus vrai, qu'elle soit la transplantation et la descente de toutes les choses qui sont dirigées et qui s'élaborent dans le ciel ? Et s'il faut le dire plus véritablement encore, notre terre d'Égypte est *le Temple du monde entier*. Et cependant, car il convient que les sages sachent tout d'avance, il ne vous est pas permis d'ignorer qu'il viendra un temps, où il apparaîtra que les Égyptiens ont vainement conservé un esprit pieux, un culte zélé de la divinité, et où toute leur vénération pour les choses saintes deviendra inutile et sera déçue, car la Divinité quittera la terre et remontera au ciel. L'Égypte sera délaissée par elle et cette terre qui fut le siège de la Divinité, devenue sans religion sera privée de la présence des Dieux..... Alors cette terre très sainte sera un lieu d'idolâtrie, et elle sera pleine de temples ruinés, de tombeaux et de morts. »

C'est bien là l'Égypte moderne, l'Égypte des Anglais ; il n'y a plus que monuments ruinés, tombeaux et morts ; l'Égypte ne sert plus de Temple au monde entier, mais seulement de passage à ses navires, le steamer noir fumant et soufflant a remplacé la Bari sacrée, celle qui transportait ses momies, ses prêtres, ses Pharaons, enfin la Bari Sacrée de la Bonne Déesse, de la Bienfaisante Isis.

FIN

INDEX ANALYTIQUE

FIN DE L'INDEX ANALYTIQUE

TABLE SOMMAIRE DES CHAPITRES

TROISIÈME PARTIE

Psychologie, Philosophie, Morale, Deuils, Funérailles, Momies, Monuments funéraires.

NOTES

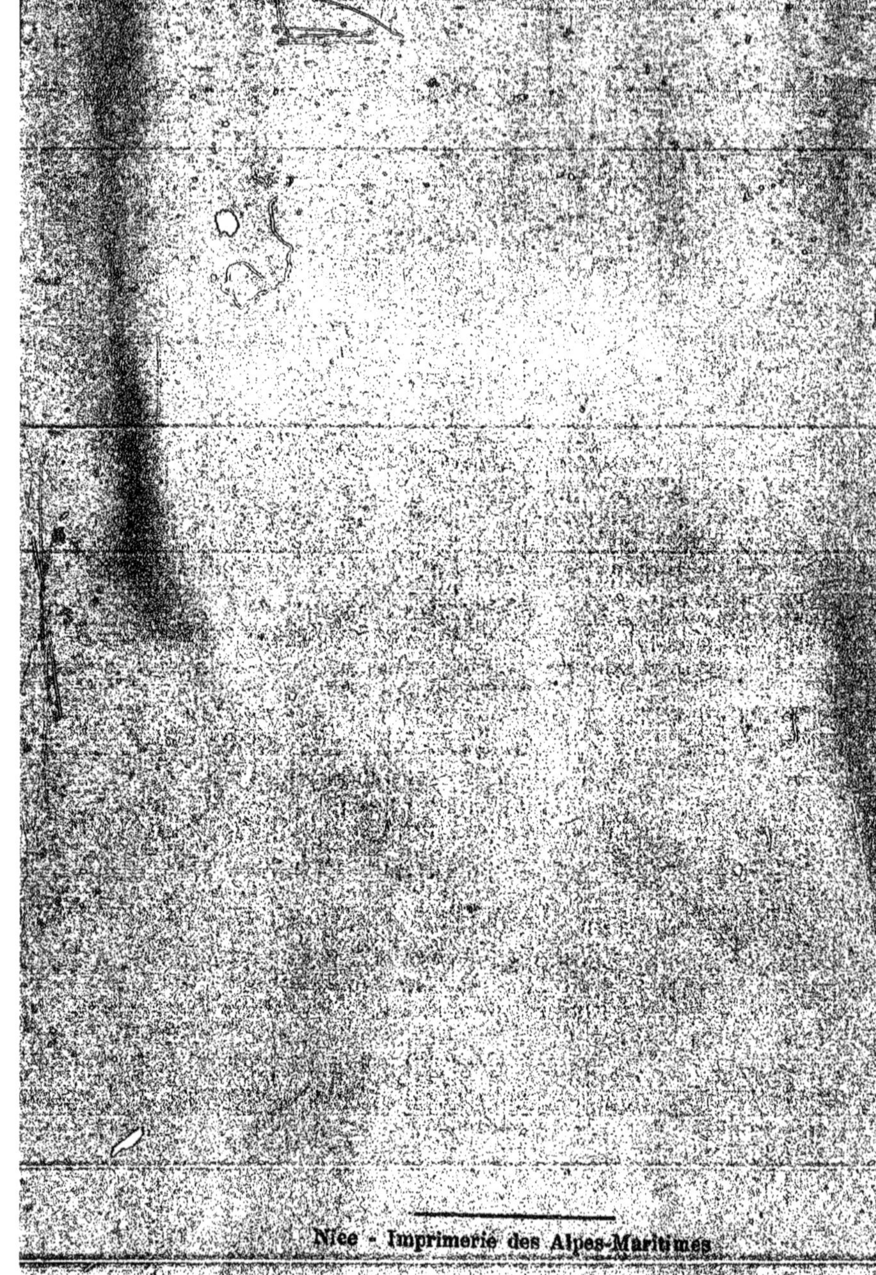

Nice - Imprimerie des Alpes-Maritimes

www.ingramcontent.com/pod-product-compliance
Ingram Content Group UK Ltd.
Pitfield, Milton Keynes, MK11 3LW, UK
UKHW012013240726
13965UKWH00002B/344